Ein Buch voller Liebe für dich

Emilia Wolff

Ein Buch voller Liebe für dich

Für Fragen und Anregungen:
Auflage 2023

INHALT

Vorwort

Auch ich hatte bis weit in mein Erwachsenenalter hinein große Probleme damit, mich selbst zu akzeptieren. Von wahrer Selbstliebe will ich gar nicht erst anfangen, denn sie stand in all diesen Jahren nie zur Option. Mein Verhältnis zu mir selbst lässt sich in etwa so beschreiben, als wäre ich im Chemieunterricht in der 8. Klasse gerade mit der Person in ein Laborteam gesteckt worden, die ich absolut nicht leiden kann: Man kommt nicht im Geringsten miteinander klar, aber arbeitet nun doch zwangsweise zusammen, um wenigstens eine halbwegs gute Note zu erzielen.

Wenn ich mir die anderen Menschen aus meinem Umfeld so ansah, wie sie zu selbstbewussten und erfolgreichen Erwachsenen heranwuchsen, so glaubte ich immer mehr, etwas falsch gemacht zu haben. Es sah bei ihnen immer so spielend leicht aus, dass ich die Möglichkeit gar nicht in Betracht zog, dass einige davon auch unter großen Problemen mit ihrem Selbstwert leiden könnten und gerade lernten, sich selbst zu lieben. Ich vertiefte mich so in meiner Opferrolle, dass ich mich weder mit mir selbst auseinandersetzen konnte noch wollte.

Es dauerte Jahre und kostete mich viele Chancen, bis ich endlich erkannte, dass es eben nicht nur Schwarz und Weiß gibt (Entweder man kann sich selbst lieben oder eben nicht). Erst als ich in einer Sackgasse steckte, die 20. Absage zu einer besseren Arbeitsstelle erhielt und mich von einer Menge toxischer Menschen umgeben sah, die mich immer weiter heruntergezogen haben, habe ich erkannt, dass ich etwas ändern muss.

Ich musste mich mit dem Menschen vertragen, mit dem ich seit meiner Grundschulzeit auf Kriegsfuß stand – mit mir selbst. Und ich kann dir sagen, dass dieser ganze Prozess weder schnell noch einfach war. Es hat viele lange Monate gedauert, bis ich an den Punkt gelangt bin, an dem ich jetzt gerade bin. Aber eins kann ich dir garantieren: Das war es wert. Ich habe nun die besten Freunde, die ich mir je vorstellen konnte, bin mit meiner Karriere absolut zufrieden und komme jeden Tag zu meiner kleinen Familie nach Hause, in der ich mich nicht wohler fühlen könnte. Und das, obwohl ich selbst ich einem dysfunktionalen Haushalt aufwuchs, der von Streit und Unverständnis geprägt war. Lass dich also nicht davon entmutigen, wenn dein Start ins Leben (gelinde gesagt) holprig war und dich deine Traumata noch immer begleiten. Ich habe meine eigenen Erfahrungen als Anreiz genommen, um Leuten wie dir zu helfen, sich auch aus diesem tiefen Loch befreien zu können. Ich möchte dir dabei helfen, endlich zu erkennen, was für ein wunderbarer Mensch du bist.

Einleitung

Die Selbstliebe ist ein Problemthema, das wahrscheinlich so alt ist wie unsere Gesellschaft. Wir benötigen ein soziales Gefüge, um uns sicher und vollkommen zu fühlen. Wir leben von und für diesen Austausch mit anderen und fühlen uns dann besonders wertvoll, wenn wir regelmäßige Anerkennung erhalten.

Leider bringt unsere Gesellschaft aber auch ihre Tücken mit sich: Wohl oder übel vergleichen wir uns mit anderen und werden immer wieder mit Menschen konfrontiert, denen es viel besser geht. Sei es nun finanziell, mental, gesundheitlich – sie sind das Abbild von Träumen, die wir noch nicht erreicht haben und vielleicht auch niemals erreichen werden. Dieses „*Was wäre, wenn …*“ verdirbt uns allerdings die Gegenwart und macht es ziemlich schwer, sich damit zufriedenzugeben, was wir jetzt gerade haben und wie wir sind. Wären wir doch nur offener, beliebter, nicht so zurückhaltend und einfach ehrgeiziger. Wenn man sich darin vertieft, gerät man schnell in eine Gedankenspirale, aus der man nur schwer wieder herauskommt. Infolge dieser ständigen Vergleiche findet man immer mehr Aspekte an sich selbst, mit denen man nicht zufrieden ist oder für die man sich schlimmstenfalls selbst hasst. All die schönen Eigenschaften rücken zunehmend in den Hintergrund und können sich bald nicht mehr gegen diese Negativität behaupten.

Um uns trotzdem gut fühlen zu können, suchen wir immer mehr die Bestätigung von außen und klammern uns an das Lob anderer. Können wir sie nicht zu 100 % zufriedenstellen, so geißeln wir uns selbst und werten uns weiter ab. Kommen nun noch vergangene Traumata hinzu, die uns mit schädlichen Denk- und Verhaltensmustern plagen, so sind wir ohnehin nicht in der Lage dazu, unser bestes Ich an den Tag zu legen und authentisch zu sein.

Kann man sich gegen diesen schleichenden Prozess nicht wehren, so findet man sich selbst bald hilflos in einem unglücklichen Leben wieder und muss dabei zusehen, wie sich viele Chancen in Luft auflösen. Und das Schlimmste daran: Wird man nicht tätig, so verläuft das ganze restliche Leben so. Dabei haben wir aber nur eins, warum sollten wir also nicht das Beste daraus machen?

Du hast jederzeit die Möglichkeit dazu, diese Spirale zu durchbrechen und dein Leben komplett zu verändern. Du hast es verdient, glücklich zu sein. Und du bist in der Lage dazu, ganz egal, was du dir selbst auch einreden magst. In diesem Buch möchte ich dir zeigen, wie du dies erreichen kannst. Das glückliche und erfüllende Leben, was du dir immer erträumt hast, wartet in greifbarer Nähe auf dich. Und glaub mir, nichts ist schöner, als in einem Jahr auf deinen jetzigen Standpunkt zurückzublicken und dich darüber zu freuen, wie weit du gekommen bist.

Über den Faktor Selbstliebe und die Entdeckung des eigenen Ichs

Die Selbstliebe – oder eben auch ihre Abwesenheit – begleitet jeden Menschen durch den Verlauf seines Lebens. Du kannst sie dir wie eine Art Brille vorstellen, durch die wir permanent hindurchsehen. Auch hier gibt es verschiedenste Formen und Stärken, aber eine Sache ist immer gleich: Sie beeinflusst, wie wir die Welt sehen. Neutralität gibt es dabei nicht wirklich, vielmehr wird die Realität durch unser Denken und unsere Gefühle geformt. Wenn du beispielsweise der Überzeugung bist, dass deine Freundin Anna der schönste Mensch auf dieser Welt ist und dir sämtliche Bekannte zustimmen, so kann das für Anna selbst ganz anders aussehen – sie kann sich selbst nicht akzeptieren und denkt bei jedem Blick in den Spiegel, dass die hässlichste Person überhaupt vor ihr steht. So verhält es sich noch mit vielen weiteren Dingen, die uns während unseres alltäglichen Lebens begegnen. Damit man aber das Beste daraus machen und sich eine positive Grundhaltung aneignen kann, ist es unerlässlich, mit sich selbst im Reinen zu sein. Wenn du dich selbst liebst, dann wirst du merken, wie immer mehr Glück und Freude in dein Leben strömt.

Über den Begriff der Selbstliebe

Aber was bedeutet „Selbstliebe" denn nun eigentlich? Selbstliebe umfasst mehrere Punkte, aber wenn man sie schlüssig zusammenfassen müsste, könnte man Folgendes festhalten: Du liebst dich selbst genau in dem Ausmaß, wie du auch die Personen deines Umfeldes liebst, die du am meisten schätzt.

Dabei ist nicht die romantische Liebe gemeint, denn bei der Selbstverliebtheit würdest du in Richtung Arroganz, wenn nicht sogar Narzissmus, tendieren, was aber dem Sinn dieses Konzeptes entgegenläuft. In diesem Fall würdest du dich selbst nämlich auf ein Podest stellen und damit über den restlichen Personen der Gesellschaft stehen. Bei der Selbstliebe geht es aber vielmehr darum, dich selbst nicht abzuwerten und dich mit allen anderen auf ein und dieselbe Ebene zu bringen. Hast du sie erlangt, so kennst du dich mit all deinen Facetten und akzeptierst diese. Du verzeihst dir für deine Fehltritte und stehst zu deinen Schwächen, arbeitest aber gleichzeitig gezielt an deinen Stärken, damit du dein gesamtes Potenzial entfalten kannst. Du sorgst für dein Wohlergehen und schreitest ein, wann immer dir jemand Unrecht tut.

Nicht gerechtfertigte Befürchtungen

Es ist mir wichtig, dass wir noch einmal gezielt darauf eingehen, was Selbstliebe eben nicht ist, um dir die Angst davor zu nehmen.

- **Egoismus:**

Viele Menschen befürchten, dass sie egoistisch wirken könnten, wenn sie sich selbst zur obersten Priorität in ihrem Leben machen. Sie möchten nicht anecken oder den Anschein erwecken, dass andere Personen ihnen plötzlich nicht mehr wichtig sind. Das Gute ist aber, dass es hier gar keine Entweder-Oder-Situation gibt, um die du dich sorgen müsstest. Es heißt eben nicht „*Entweder ich liebe mich selbst oder ich liebe andere Menschen*“. Die beiden schließen sich nicht aus! Ganz im Gegenteil: Wenn du dich selbst lieben lernst und gut zu dir selbst bist, dann erkennst du die Menschen, die dir wirklich guttun und dich ebenso schätzen, viel leichter.

Die Menschen aus deinem Umfeld, die nicht in diese Kategorie fallen, sortierst du nach Möglichkeit aus. Das wird zu Beginn natürlich wehtun und schwer sein, aber dafür kannst du dich nach einiger Zeit über das tollste soziale Umfeld freuen, das es gibt. Du wirst dich immer auf diese Menschen verlassen können und hast ganz automatisch mehr Liebe zur Verfügung, die du ihnen schenken kannst.

Falls du bisher deine eigenen Interessen hintangestellt hast, um es anderen bloß recht zu machen, dann kann es sein, dass du bei deinen späteren Übungen auf Gegenwind stößt. Wenn du bestimmten Personen dann auf einmal nicht mehr den roten Teppich ausrollst oder immer öfter Nein sagst, weil es dir eben nicht guttut, dann könnten sie nicht gerade positiv reagieren. Vielleicht versuchen sie sogar, dich von deinem Weg abzubringen oder dir ein schlechtes Gewissen einzureden, damit du mit deinen alten Gewohnheiten weitermachst. Achte daher unbedingt auf Sätze wie „*Was hab ich dir denn getan, dass du das nicht mehr für mich tun willst? Ich dachte, wir wären Freunde.*“, „*Du hast dich verändert. Dass du so egoistisch sein kannst, hätte ich nie erwartet.*" oder „*Das ist doch keine riesige Sache, stell dich nicht so an.*"

Sollten diese immer öfter von einem bestimmten Menschen kommen und du spürst kein bisschen Unterstützung, dann mach dir bewusst, dass diese Beziehung einseitig und aller Wahrscheinlichkeit nach toxisch ist. Wahre Freunde unterstützen dich, gerade bei so wichtigen Vorhaben, die dich voranbringen. Sie respektieren deine Grenzen und sind nicht nur bei dir, weil du etwas für sie tun kannst. Lass dir also bitte niemals einreden, dass du egoistisch bist.

- **Faulheit, Bequemlichkeit:**

Einige denken bei Selbstliebe (und insbesondere der -fürsorge) beispielsweise an eine Frau, die mit einer Gesichtsmaske und Kerzen entspannte Stunden in der Wanne verbringt und sich nicht im Geringsten davon stören lässt, dass um sie herum gerade die Hölle losbricht. Gerade in der heutigen Gesellschaft misst man den eigenen Wert oft daran, wie viel man erledigt oder erreicht hat. Es soll bloß nichts liegen bleiben und man möchte am liebsten einen großen Erfolg verzeichnen – und das täglich. Oft geht man mit einer „*Ich beende schnell noch meine Aufgaben, danach nehme ich mir Zeit für mich.*"-Mentalität an die Sache heran. Das

Problem ist nur, dass häufig immer mehr Aufgaben dazukommen und es kaum möglich ist, alles zur Zufriedenheit abzuarbeiten. Selbst wenn man es schafft, lässt man sich oft dazu hinreißen, schon etwas zu erledigen, was locker bis morgen hätte warten können. Oder man hat Angst davor, sofort einen schlechten Eindruck zu erwecken, wenn man dann die Füße hochlegt. Es könnte ja jemand kommen, um einen zu verurteilen, weil man sich eine Auszeit gönnt.

Wenn du ähnlich denkst, dann mach dir bewusst, dass du dich von diesem extremen Leistungsdruck verabschieden musst. Selbstliebe bedeutet nicht, jeden Tag den ganzen Tag auf der faulen Haut zu liegen und nur zu machen, worauf du auch wirklich Lust hast. Natürlich wird (und soll) es auch solche Tage geben. Trotzdem lässt sich die Selbstfürsorge auch super in einen stressigen Alltag integrieren, also mach dir keine Sorgen.

- **Hoher Zeitaufwand:**

Greifen wir diesen Punkt noch einmal auf. Vielleicht bist auch du der Annahme, dass Selbstliebe mit viel Aufwand verbunden ist. Es ist wichtig, sich regelmäßig Zeit für sich selbst zu nehmen und auch bewusst längere Auszeiten einzuplanen. Das bedeutet aber nicht, dass du jeden Tag 2 Stunden am Stück dafür Zeit freischaufeln musst. Selbstliebe gibt es auch in Form eines 10-minütigen Spazierganges in deiner Pause oder dem bewussten Genießen deines Lieblingsgerichtes, ohne dass du dieses hinunterschlingst.

Wenn man genauer hinsieht, findet man sie überall, denn sie ist so vielseitig wie du selbst. Sehen wir uns noch mal das Beispiel des Bades an: Wenn du viel Zeit hast und dir danach ist, dann kannst du natürlich das volle Programm mit Kerzen, Gesichtsmaske, einem Glas Wein und ausgiebigem Eincremen im Nachgang durchziehen. Aber wenn es schneller gehen muss und noch etwas ansteht, dann reicht auch mal ein 15-minütiges Bad, um zu entspannen und mit neuer Kraft in deinen Alltag zurückzukehren.

Selbstliebe – etwas für jedermann?

Das klingt an sich erst mal vielversprechend und machbar, oder nicht? Dann stellt sich trotzdem die Frage, warum so viele Menschen verlernt haben, sich selbst richtig zu lieben. Lies das kleine Wörtchen „verlernt" ruhig noch einmal. Wenn du nämlich denkst, dass du dich selbst nie geliebt hast oder dazu auch zukünftig nicht in der Lage bist, dann könntest du nicht falscher liegen. Es handelt sich dabei nämlich nicht um ein Talent, was manche Menschen besitzen und andere eben nicht. Jeder Mensch ist in der Lage dazu, aber einige sind einfach vom richtigen Weg dahin abgekommen und finden von allein nicht wieder zurück.

Wenn du mir nicht glaubst, dann sieh dir ruhig einmal kleine Kinder an. Sie sind ehrlich und zeigen geradeheraus, wie sie sind und was sie denken. Sie stehen zu sich selbst, gehen ihren Interessen nach und geben – auch gern lautstark – Kontra, wenn sie etwas absolut nicht möchten. Sie bringen auch gern andere zum Lächeln, stellen sich selbst aber dadurch nicht zurück. Das trifft bis zu einem gewissen Alter auf alle Kinder zu. Sie lieben sich selbst, ohne darüber nachdenken oder darauf hinarbeiten zu müssen. Das Problem ist nur, dass man dies immer seltener beobachten kann, je älter sie werden. Sie machen eine Vielzahl an Erfahrungen, bekommen die Härte der Gesellschaft zu spüren und erleben leider auch Traumata. All diese Einflüsse können dazu führen, dass sie sich selbst einschränken und diesen direkten Draht zu der eigenen Persönlichkeit verlieren, zumindest in diesem Umfang.

Schaut man sich diese Kinder dann 15 Jahre später an, so lassen sich verschiedene Ausprägungen erkennen: Manche können sich selbst noch akzeptieren, andere hingegen finden sich selbst so schrecklich, dass man schon fast von Hass sprechen kann. Wirkliche Selbstliebe bleibt nur den wenigsten erhalten. Das ist traurig, aber noch lange nicht aussichtslos. Wenn man hart genug darauf hinarbeitet, dann kann jeder Mensch erneut lernen, sich mit allen Ecken und Kanten zu lieben (*Selbstliebe Lernen – Warum Es So Schwerfällt, Sich Selbst Zu Lieben Webseite·2021·M.Irfan*, n. d.).

Wer bist du?

Da kommen wir auch schon zur wichtigsten Voraussetzung dafür: Du musst dich selbst gut kennen, um dich lieben zu können. Da verhält es sich ganz ähnlich wie bei der Partnersuche, denn da möchtest du denjenigen ja auch erst mal gut kennenlernen, damit die Gefühle über Neugier und die anfänglichen Schmetterlinge im Bauch hinausgehen können. Vielleicht fragst du dich jetzt, warum du dich selbst nicht ausreichend kennen solltest. Wer kann es schon, wenn nicht du? Schließlich bist nur du dazu in der Lage, jede kleinste Facette deiner Persönlichkeit aufzudecken.

Dennoch kommt es nicht gerade selten vor, dass viele Leute nicht wirklich wissen, was sie alles ausmacht. Gerade dann, wenn das Selbstbewusstsein ohnehin im Keller ist.

Ein Beispiel: *Michael musste während seiner Schulzeit jahrelanges Mobbing ertragen, worunter sein Selbstbewusstsein extrem gelitten hat. Dadurch hat er sich angewöhnt, sich möglichst unauffällig zu verhalten, um nicht noch einmal den Spott der anderen auf sich zu ziehen. Auch in seinem Berufsleben leidet er immer noch darunter. Er hält sich von anderen weitestgehend fern, kann fremden Menschen schlecht vertrauen und redet nicht wirklich viel, wenn es nicht notwendig ist. Er sieht sich selbst in einem sehr schlechten Licht, da er die abwertenden Sprüche seiner Mobber verinnerlicht hat. Dadurch traut er sich nicht viel zu und bleibt lieber in seiner Komfortzone. Dort fühlt er sich sicher, Veränderungen machen ihm Angst. Er sieht nur einen kleinen Teil seiner Persönlichkeit, vorrangig seine Schwächen, und versetzt sich somit in die Blickweise der anderen damals. Dabei ist er so viel mehr. Wie soll er so auch erkennen, dass er eigentlich ein toller Redner ist, anderen Leuten richtig gut Wissen vermitteln oder sie zum Lachen bringen kann? Dabei gehört das genauso zu ihm wie die anderen Aspekte auch.*

Wie du also siehst, ist das alles eine Sache des Blickwinkels. Manche Menschen haben Scheuklappen auf und sind sich dieser Tatsache oftmals gar nicht bewusst. Andere wollen bestimmte Eigenschaften schlichtweg nicht wahrhaben – seien es nun Schwächen, Stärken oder auch neutrale Aspekte. Wieder andere verbiegen sich und wenden all ihre Energie dafür auf, vorzugeben, jemand anderes zu sein. Sich wirklich kennenzulernen, ist also nicht ganz so einfach, wie es klingt. Nun stellt sich also die Frage, wie es dir gelingt, dein eigenes Ich zu erkennen.

Um dir dies zu erleichtern, solltest du es dir wieder genau so vorstellen, als würdest du eine fremde Person kennenlernen. Wenn du mehr über sie erfahren wollen würdest, wie würdest du vorgehen? Du würdest ihr beispielsweise viele Fragen stellen oder dich mit ihr in unterschiedliche Situationen begeben, um sie besser einschätzen zu können. Was macht sie gern in ihrer Freizeit? Wobei kann sie abschalten? Was regt sie auf? Wie verhält sie sich unter Stress? Genau diese Aspekte möchtest du nun bei dir selbst beobachten.

Zuallererst ist es wichtig, dass du aufmerksam bist. Handele nicht einfach nur, sondern halte kurz inne und beobachte, warum du so handelst. Was fühlst oder denkst du in diesem Moment? Aus welchem Grund handelst du so – weil es jemand so von dir erwartet oder weil es dir selbst wichtig ist? Hättest du insgeheim lieber etwas anderes getan, hast dich aber nicht getraut? Diese Fragen lassen sich in den verschiedensten Situationen stellen, also nutze sie auch.

Achte aber darauf, dass dich deine Überlegungen nicht behindern. Du sollst nicht handlungsunfähig werden, weil du während der jeweiligen Situation in deinem Kopf feststeckst. Außerdem solltest du unbedingt darauf achten, dass du dich weiterhin so verhältst, wie du es bisher auch getan hast. Jetzt, wo du den Fokus bewusst auf dich selbst lenkst, kann es schnell vorkommen, dass du dich für gewisse Eigenarten schämst. Du weißt, dass du vielleicht besser handeln könntest – fühl dich aber bitte nicht dazu gezwungen, dich jetzt zu verstellen. Du besitzt nun mal Ecken und Kanten, das geht jedem Menschen so. Du kannst die Augen nicht davor verschließen. Was du aber tun kannst, ist, sie in vollem Umfang wahrzunehmen und dann darauf hinzuarbeiten, eben jene Kanten ein wenig abzutragen – so, dass sich andere nicht mehr daran stoßen und verletzen können. Wie du das erreichen kannst, zeige ich dir später noch.

Was du außerdem beachten solltest, sind deine Interessen. Ist man erst einmal im stressigen Berufsleben angelangt, so verlieren viele Menschen schnell den Überblick darüber, was ihnen wirklich Spaß macht. Die meisten Hobbys oder Interessen aus der Kindheit gehen verloren, oft auch absichtlich. In diesem Fall besteht die Befürchtung, eben jene Themen oder Aktivitäten könnten als zu kindisch und nicht altersgemäß angesehen werden, was wiederum eine gesellschaftliche Abwertung mit sich bringen könnte.

Stellen wir uns aber eine Frage: Wo liegt das Problem, wenn ein Erwachsener noch mit seinem liebsten Kuscheltier schläft oder in seiner Freizeit gern Malbücher mit Farbe füllt? Damit tut er doch niemandem etwas. Verabschiede dich bitte von der Vorstellung, dass Erwachsene immer ernst und diszipliniert sein müssen. Wenn du dich noch an deine alten Interessen erinnerst, dann gib ihnen ruhig noch mal eine Chance und teste aus, ob dir das nach wie vor Freude bereitet. Vielleicht gibt es auch bestimmte Hobbys, die du als Kind unbedingt austesten wolltest, aber aus diversen Gründen nicht dazu kamst? Die Vergangenheit ist nicht nur der Schlüssel zu vielen Problemen, sondern auch eine Fundgrube des Glücks. Wühle ruhig einmal darin und erlaube dir, noch mal ein Kind zu sein, wenn auch nur innerlich.

Die Selbstreflexion:

Greifen wir noch einmal den Punkt auf, der sich mit deinen Handlungen und ihren jeweiligen Hintergründen beschäftigt. Es gibt einen Ansatz, welcher dir bei der Gewinnung von Erkenntnissen helfen kann: Das Terry-Borton-Modell, auch „Reflexionsspirale“ genannt (Warkentin, 2022). Dieser amerikanische Lehrer vereinfacht die kritische Betrachtung jeder beliebigen Situation, indem er auf drei einfache Fragen zurückgreift.

Diese möchte ich dir nun anhand des folgenden Szenarios erklären: *Dein Freund Tim hat gestern auf seiner Arbeit eine wichtige Präsentation vorstellen müssen, von der viel abhing. Auf ihn wartete entweder die Chance auf ein größeres Projekt mit mehr Verantwortung oder eben das Versagen, was ihn schlimmstenfalls sein Ansehen und die Chance auf eine zukünftige Leitungsfunktion gekostet hätte. Dementsprechend war er sehr aufgeregt und umso glücklicher, als er mit kräftigem Beifall für seine Präsentation gelobt wurde. Er hat von dir erwartet, dass du dich mit ihm freust, aber du hast ihn nur beiläufig beglückwünscht und dann den ganzen Tag nichts mehr von dir hören lassen. Eben stellte er dich zur Rede. Du warst genervt und meintest nur schnippisch, dass es auch noch wichtigere Dinge in deinem Leben gibt und er sich nicht so haben soll. Dann ist er verletzt gegangen.*

1. „What?“ (Was ist passiert?):

Betrachte die Situation möglichst neutral, deine Gefühlslage interessiert dich hier nicht. Was ist genau passiert, wie habt ihr beide euch verhalten? Du kannst dir dabei folgende Fragen stellen:

- Wer war beteiligt?
- Was ist eben alles passiert?
- Wie hat mein Gegenüber sich verhalten?
- Wie habe ich mich verhalten?
- Was hat jeder von uns genau gesagt?

Hier würde die Antwort so aussehen: *Tim hat mich zur Rede gestellt, weil er wissen wollte, warum ich mich nicht für ihn freue. Er war sehr aufgebracht und hat gefragt, ob er mir nicht mehr wichtig ist. Und er meinte, er wäre sehr enttäuscht. Daraufhin hab ich gesagt, dass es Wichtigeres gibt, weil er mich in dem Moment aufgeregt hat. Danach war die Stimmung ziemlich im Keller.*

2. „So what?“ (Was steckt dahinter?):

Hier geht es nun darum, herauszufinden, warum die Situation so abgelaufen ist und was dazu geführt hat.

Du betrachtest euer Verhalten genauer und suchst den tieferen Sinn. Nun kommen auch Gefühle ins Spiel. Du hinterfragst kritisch, welche Folgen deine Reaktion hat und was daran jeweils gut oder schlecht sein könnte. Hier könntest du fragen:

- Wie habe ich mich während des Gespräches gefühlt?
- Wie kam es genau zu diesem Streit?
- Warum habe ich genau so reagiert?
- Warum hat mein Gegenüber wohl so reagiert?
- Welche Auswirkungen hat mein Handeln?

Ich war die letzten Tage schon total gestresst, wollte aber auch niemandem davon erzählen. Ich wollte Tim nicht auch noch damit belasten. Natürlich freue ich mich riesig für ihn, aber ich kam einfach noch nicht dazu, ihm richtig zu gratulieren. Als er mir dann die ganzen Sachen an den Kopf warf, war ich wütend darüber, wie er so was nur denken kann. Deswegen habe ich so doof reagiert. Ich habe ihn damit verletzt, aber das wollte ich gar nicht. Ich war sehr abweisend zu ihm, da kann ich verstehen, dass er enttäuscht ist und mehr von mir erwartet hätte.

3. „Now what?“ (Wie geht es jetzt weiter?):
Was kannst du aus dieser Situation lernen und wie kannst du dein Verhalten verändern, sodass es in Zukunft nicht mehr zu so einem Streit kommt? Reflektiere hier noch einmal darüber, inwiefern dein Handeln das Verhalten des anderen beeinflusst hat. Auch hier gibt es wieder Fragen, die dir helfen können:

- Was sollte ich jetzt tun?
- Was kann ich aus dieser Situation für die Zukunft mitnehmen?
- Was soll beim nächsten Mal anders laufen?
- Was könnte ich wieder genau so tun?
- Wie kann ich so etwas für die Zukunft verhindern?

Ich sollte meine Freunde beim nächsten Mal einweihen, wenn ich nicht gut drauf bin, und vielleicht nach Hilfe fragen. Ich muss mich auch bei Tim entschuldigen, mein Verhalten war falsch. In Zukunft sollte ich einfach ruhiger bleiben und sachlich erklären, woran es lag. Ich hatte eh geplant, dass ich ihn demnächst in sein Lieblingsrestaurant einlade, um richtig mit ihm anzustoßen. Ich sollte ihn fragen, ob er darauf dann trotzdem Lust und Zeit hat.

Probiere es also ruhig einmal aus. Je öfter du dich selbst kritisch hinterfragst, desto leichter fällt es dir mit der Zeit, dein Verhalten zu formen und ungewollte Macken (z. B. spontane Wutausbrüche, Dichtmachen in Streitsituationen) abzutrainieren.

DARUM IST SELBSTLIEBE WICHTIG

Die Personen, die nur über wenig Selbstliebe verfügen, versuchen oft, diese Tatsache herunterzuspielen. Sie haben zu großen Respekt vor der Arbeit, die auf dem Weg zur Besserung vor ihnen liegen würde, und berufen sich auf ihren bisherigen Lebenslauf – ganz nach dem Thema *„Ich liebe mich zwar nicht selbst, aber das muss ich auch nicht. Ich bin trotzdem an diesem Punkt angelangt"*. Sie möchten diese Tatsache nicht unbedingt zugeben (oder sich zumindest nicht näher damit beschäftigen) und eine gewisse Stärke beweisen, indem sie vorgaukeln, sie würden auch ohne gutes Verhältnis zu sich selbst durch den Alltag kommen.

Dabei wäre die ganze Sache doch so simpel – sie müssten es sich nur eingestehen und über ihren Schatten springen. Ist der erste Schritt einmal getan, so folgen die nächsten meist ganz automatisch. Dennoch fällt es den meisten Leuten so schwer. Aber warum eigentlich?

Auch hier spielt wieder eine bunte Mischung aus Gefühlen und Glaubenssätzen eine Rolle. Die wohl größte Komponente stellt hier die Komfortzone dar. Auch wenn man in diesem Umfeld keineswegs zufrieden ist, so überwiegt doch die Angst vor all den Einflüssen, die sich außerhalb dieser Zone befinden. Man möchte nicht anecken oder negativ auffallen. Aber was ist nun, wenn man zunehmend das eigene Wohl priorisiert und dadurch plötzlich arrogant wirken könnte?

Weiterhin wirkt auch die damit einhergehende Aufmerksamkeit bedrohlich, gerade, wenn man sie vor dem Hintergrund eventueller Traumata betrachtet. Nehmen wir hier beispielsweise das Mobbing, bei dem jede Bewegung und jedes Wort des Opfers genauestens beobachtet und auf die Goldwaage gelegt wird – fallen nun erneut neugierige Blicke auf diese Person, so kommen schnell unschöne Erinnerungen hoch, die sich nur schwer ignorieren lassen. Selbst wenn es demjenigen gelingt, seine Sorgen in Schach zu halten, so ist er meist so nervös, dass ihm kleine Fehler passieren. Werden diese auch noch offensichtlich bemerkt, so ist die Scham groß. Das reicht oft schon aus, um diesen ersten Versuch, sich selbst durchzusetzen, zum letzten werden zu lassen. Dabei bedeutet dieses eine Scheitern nicht einmal, dass die Person selbst daran schuld ist und etwas falsch gemacht hat.

Das geht den meisten Menschen so, denn hier gilt das klassische „Trial-and-Error“-Prinzip: Man versucht etwas und man scheitert. Das ist unangenehm, aber gleichzeitig auch die effektivste Möglichkeit, um dazuzulernen. Bereits beim ersten Fehlschlag lernt man für die Zukunft, wie man eben nicht mehr vorgehen sollte. Man probiert es erneut, diesmal aber anders. Wie oft dieser Prozess wiederholt werden muss, lässt sich vorher nicht sagen. Was sich aber festhalten lässt, ist, dass man am Ende zu einer wunderbaren Einsicht und einem Lösungsweg gelangt, der auch wirklich funktioniert.

Man beginnt also damit, seine Schwächen aktiv zu erforschen, damit im Laufe der Zeit die wahren Stärken aufgedeckt und vollumfänglich genutzt werden können. Und das Beste daran: Selbst wenn es missgünstige Menschen gibt, die dich am Anfang deines Weges behindern und vielleicht sogar für deine Versuche belächeln – wenn du immer wieder beweist, dass du nicht aufgibst und trotz Rückschlägen einen neuen Anlauf wagst, so sicherst du dir selbst den Respekt dieser Menschen.

Kommen wir aber zurück zum eigentlichen Thema. Neben dieser Angst vor dem Scheitern und der

Verurteilung durch andere ist es oft ein gewisser Perfektionismus, der aufrichtige Selbstliebe verhindert. Man denkt, dass man nur unter der Voraussetzung Liebe verdient, wenn man immer alles richtig macht und andere zufriedenstellt. Gelingt dies nicht, was ja in der Regel der Fall ist, so eignet man sich im Laufe der Zeit die Haltung an, dass man es absolut nicht wert ist, Liebe zu empfangen und kann sie sich dementsprechend auch nicht selbst geben. Hier beißt sich allerdings die Katze in den Schwanz, denn der Schlüssel zur Selbstliebe liegt eben darin, eine einzige Person zufriedenzustellen. Dabei handelt es sich um die wichtigste Person deines Lebens und das bist du. Wieso möchtest du also um jeden Preis andere glücklich machen, weigerst dich aber vehement dagegen, es bei dir selbst zu tun?

Von außen betrachtet bist du auch nur ein normaler Mensch, genau wie alle anderen auch. Warum solltest also ausgerechnet du es nicht verdient haben? Wenn du nicht gerade kleine Babys zum Frühstück isst oder sonstige unverzeihliche Verbrechen begangen hast, so gibt es doch gar keinen Grund dazu, dich selbst als unwürdig anzusehen. Stell dir einmal vor, vor dir würden 20 Leute aufgereiht stehen, die du nicht kennst. Würdest du einfach einen davon bestimmen können und ihm ins Gesicht sagen, dass er es nicht verdient, geliebt zu werden? Und noch schlimmer: Könntest du es deinem liebsten Freund sagen? Stell dir vor, welches Leid du daraufhin in diesem Menschen auslösen würdest. Von anfänglicher Verwirrtheit über starke Trauer – all diese Emotionen führen zu einer Kränkung, die sich wohl kaum wiedergutmachen lässt. Und ich denke, ich kann voller Überzeugung sagen, dass du so etwas absolut nicht tun würdest. Dennoch tust du es dir selbst an. Und das nicht nur ein einziges Mal, sondern wiederholt und regelmäßig.

Ich möchte, dass du dich an dieser Stelle einmal ehrlich fragst, warum du dir das antust. Tu dir selbst den Gefallen und antworte nicht mit den üblichen Floskeln wie *„Ist halt so."* oder *„Ich habe es einfach verdient."*. Denn das stimmt schlichtweg nicht. Wann immer du dich wieder mit solchen Ängsten und Selbstzweifeln konfrontiert siehst, dann erlaube dir, den Blickwinkel zu wechseln. Stell dir vor, du würdest all die Gedanken, die dich gerade verfolgen, an jemand anderen richten müssen. Gesteh dir ein, dass das falsch und einfach nur schädlich ist.

Das allein wird dich natürlich nicht zur ultimativen Selbstliebe führen, aber es ist ein großer Schritt in die richtige Richtung und sensibilisiert dich. Erwarte nicht länger Sachen von dir selbst, die du nicht auch von einem Fremden oder auch einer Person deines engsten Kreises erwarten würdest.

Das größte Problem liegt also darin, dass dein Gehirn die Situation ganz anders darstellt, als sie in Wahrheit ist. Nicht jeder Mensch verurteilt dich oder will dir etwas Schlechtes. Nicht jede Kritik bedeutet das Ende deiner Karriere. Du wirkst nicht wie der arroganteste und egoistischste Abschaum der Gesellschaft, wenn du dir selbst gegenüber gütig bist und deine Ziele verfolgst. Nur weil du toxische Menschen aus deinem Leben verabschiedest, heißt das nicht, dass du jeden wegstößt und dass niemand Neues mehr kommen wird. Nur weil du ein paar Fehler gemacht hast, heißt das nicht, dass du unfähig bist und niemand dir jemals verzeihen wird. Nur weil du jetzt gerade nicht zufrieden mit dir selbst bist, heißt das nicht, dass du nicht dazulernen und dich ändern kannst. Du glaubst es vielleicht, aber es ist nicht so. Genau das erkennst du aber nur, wenn du dir selbst erlaubst, dich zu entwickeln.

Vielleicht hast du ja auch Angst davor, dass du auf deinem Weg zur Selbstliebe Fehler machen und dich selbst nur noch mehr enttäuschen könntest. Auch hier kann ich dich beruhigen, denn die bewusste Entscheidung, so zu handeln, dass du dich selbst lieben lernst, ist schon der größte Akt der Selbstliebe, den es gibt.

Solange du diese Motivation nicht verlierst und neugierig bleibst, bist du auf dem richtigen Weg.

Stell es dir gern einmal so vor, als ob du eine neue Person kennenlernst. Ob nun romantisch oder platonisch bleibt dir überlassen. An diesem Prozess gibt es eine grundlegende Komponente: Wenn du diese Person in deinen engsten Kreis aufnehmen möchtest, dann musst du viel Zeit mit ihr verbringen und Interesse zeigen, um sie wirklich lieben und kennenzulernen. Und dazu gehören nun mal die Stärken, die Schwächen und auch alles dazwischen.

In jeder (!) Beziehung gibt es bestimmte Aspekte, die einem an dem anderen nicht so gefallen. Das ist auch völlig normal, schließlich ticken keine zwei Menschen exakt gleich oder können riechen, was der andere gerade denkt oder braucht. Und dennoch findet man einen Weg, um harmonisch miteinander zu leben und sich gegenseitig ein Stück weit glücklicher zu machen. Über all diesen Beziehungen steht die zu dir selbst, denn sie ist etwas ganz Besonderes. Verwandte, Freunde und Partner begleiten dich unterschiedlich lange durch dein Leben. Manche sind von Anfang an dabei und müssen dich dann verlassen, andere kommen später und gehen kurz danach wieder. Manche treten in dein Leben und bleiben bis zum Schluss. Dennoch bist du selbst der einzige Mensch, der immer da ist. Selbst wenn andere dich verlassen, so bist du immer noch da. Sieh es also bitte nicht so, als wärst du in diesen Situationen allein – du hast dich. Und wenn du lernst, für dich selbst eine starke Säule zu werden, dann ist das auch alles, was du brauchst. Alle weiteren Menschen sind dann „nur noch" zusätzliche Boni, die dir dein Leben versüßen. Du bist aber nicht länger von ihnen und ihrer Bestätigung abhängig, weil du dir selbst alles gibst, was du benötigst.

Wie du siehst, ist es also sehr wichtig, dass du eine gute Beziehung zu dir selbst aufbaust. Vielleicht verspürst du jetzt wieder Bedenken und fragst dich, wie das gehen soll – schließlich magst du dich zum jetzigen Zeitpunkt nicht besonders und kannst dir wahrscheinlich noch nicht vorstellen, dass das jemals anders sein wird. Mach dir aber bewusst, dass es sich in diesem Punkt nicht so verhält, wie wenn du andere Menschen kennenlernst. Wenn du jemanden einfach nicht leiden kannst und derjenige immer wieder etwas tut, was dir gegen den Strich läuft, dann musst du wohl oder übel akzeptieren, dass ihr beide keine Freunde mehr werdet und denjenigen gehen lassen.

Wenn es um dich geht, ist das anders. Einerseits kannst du dich selbst eben nicht loswerden, egal, wie sehr du das auch manchmal möchtest – andererseits verbirgt sich dahinter ein riesiges Potenzial. Andere

Menschen werden sich nicht verändern, um es dir recht zu machen. Bist du allerdings mit dir selbst unzufrieden, was spricht dann dagegen, eine Änderung anzustreben?

Natürlich wirst du nicht deinen kompletten Charakter neu gestalten können, wie es dir lieb ist. Manche Aspekte musst du wohl oder übel so akzeptieren, wie sie sind. Dennoch hast du trotzdem noch Unmengen an Handlungsspielraum. Möchtest du endlich aus dir rauskommen und lernen, offen über deine Interessen zu sprechen? Such dir eins deiner Hobbys aus, triff dich mit Gleichgesinnten und leg los. Hast du den Dreh erst einmal raus, kannst du diese Erfahrung auf andere Lebensbereiche ausweiten.

Fühlst du dich oft träge, aufgebläht und abgeschlagen? Verzichte weitestgehend auf Fast Food, informiere dich über gesunde Gerichte und finde Gefallen daran, dir selbst etwas Tolles zu kochen, was auch noch deinem Körper guttut. Du fühlst dich unzufrieden, wenn du auf Instagram all die Influencer mit ihrem Bilderbuch-Leben siehst? Entfolge diesen Leuten, wenn sie dir keinen Mehrwert bringen, oder deinstalliere die App komplett. Verbringe deine Freizeit nicht weiter mit sinnlosem Dauer-Scrollen und such dir eine bessere Beschäftigung, beispielsweise Lesen. Für fast jede Baustelle gibt es eine einfache Lösung – man muss nur gewillt sein, sich von seinen schlechten Angewohnheiten zu verabschieden. Und wenn du das tust, dann verwandelst du dich Schritt für Schritt in die Person, die du schon immer sein wolltest. Du bist dazu in der Lage, genau so zu werden, wie du es dir immer erträumt hast.

Falls du noch einen letzten Motivationsschub brauchst: Selbstliebe ermöglicht es dir, deinen Weg im Leben zu finden. Mit ihr wird dein Leben viel friedlicher, das Chaos in deinem Kopf leiser. Du traust dir selbst immer mehr zu, was dir wiederum neue Türen öffnen wird. Du erkennst, welche Menschen wirklich wichtig für dich sind, und kannst bessere Beziehungen aufbauen. Du bist nicht nur sanfter zu dir selbst, sondern auch zu anderen und es fällt dir leichter, über vertretbare Fehler hinwegzusehen. Deine positive Denkweise erhöht auch deine Resilienz, Rückschläge werfen dich nicht mehr so schnell aus der Bahn. Du fühlst dich nicht länger hilflos und so, als wäre dein Leben fremdgesteuert – von nun an nimmst du selbst die Zügel in die Hand und bestimmst allein, worauf du Lust hast und worauf eben nicht. Nicht nur du respektierst dich selbst, sondern auch andere in deinem Umfeld stehen dir viel offener gegenüber. Die Selbstliebe ist einer der wichtigsten Bausteine deines Fundamentes und wird jeden einzelnen Aspekt deines Lebens positiv beeinflussen, also tu dir den Gefallen und mach sie dir zunutze (Mai, 2022a).

VIELE WEGE FÜHREN ZU SELBSTLIEBE – ABER WIE?

An sich ist es gar nicht schwer, zu mehr Selbstliebe zu gelangen. Allerdings wirkt es für dich so, weil du es schlichtweg nicht zulassen möchtest oder kannst. Es wird sich so anfühlen, als ständest du vor einer 10 Meter hohen und 1 Meter dicken Betonwand, die du überwinden müsstest, um an dein Ziel zu kommen – eine schier unmögliche Aufgabe. Die Wahrheit sieht jedoch ganz anders aus: Du bildest dir diese Wand nur ein. Eigentlich müsstest du nur konsequent einen Schritt vor den anderen setzen und du würdest ankommen. Ich werde dir in diesem Buch noch viele Übungen mit an die Hand geben, die dir dabei helfen werden. Zuvor möchte ich dir hier aber noch ein paar allgemeine Tipps und Hinweise vorstellen, die dir helfen werden, das erforderliche Mindset zu verinnerlichen.

• **Stehe dem Ganzen offen gegenüber.**
Der lange Weg, der noch vor dir liegt, wird auch so einige unschöne Details ans Tageslicht bringen. Du wirst nicht drum herumkommen, dich mit deinen seelischen Verletzungen auseinanderzusetzen. Das klingt nicht gerade einladend, ist aber absolut notwendig dafür, dass du dein Ziel erreichst. Weiterhin wird es auch einige Übungen geben, die für dich nach Nonsens klingen und bei denen du bereits beim Lesen die Nase rümpfst. Dennoch solltest du stets unvoreingenommen und offen bleiben. Behalte die notwendige Neugier und Ausdauer bei, um alles wenigstens ein Mal auszuprobieren. Alles, was in diesem Buch steht, hat auch seine Daseinsberechtigung und kann dir dementsprechend helfen. Bist du aber nicht bereit dafür, sämtliche Einflüsse uneingeschränkt zu erleben, so verbaust du dir selbst deinen Weg zur Selbstliebe. Halte dich also bitte nicht zurück. Falls es dir schwerfällt, hältst du dir einfach immer wieder vor Augen, was dein Ziel ist. Danach denkst du ganz sachlich darüber nach, wie du dies erreichst – nur durch harte Arbeit.

• **Hole Freunde oder Gleichgesinnte mit ins Boot.**
Vielleicht hast auch du zuvor schon einige Anläufe gestartet, bist aber immer wieder gescheitert, weil dir

dann einfach die Kraft gefehlt hat. Hier verhält es sich ähnlich wie beim Rauchen – selbst wenn du den mittlerweile 20. Versuch in die Wege leitest, so garantiert das noch lange nicht, dass es diesmal einfach klappen muss. Du brauchst eine gewisse mentale Stärke, um dich aus den Fängen deiner negativen Gedanken zu befreien. Diese aufzubauen und vor allem aufrechtzuerhalten, wird nicht leicht und du musst unbedingt am Ball bleiben. Deine bisherigen Denkmuster werden immer wieder versuchen, dich vom richtigen Weg abzubringen. Besonders dann, wenn du dich selbst nicht im Geringsten leiden kannst, kann es durchaus vorkommen, dass du dich nicht stark genug fühlst. Dann ist es nicht unwahrscheinlich, dass du dich selbst einfach nicht mehr ausreichend motivieren kannst. Mach dir bewusst, dass du nicht allein bist. Greife auf die Hilfe anderer Personen zurück, die dir dabei helfen werden, dich wieder aufzubauen. Das können Personen sein, denen du vollständig vertraust, oder auch Gleichgesinnte, die du beispielsweise in Foren findest. Es ist nicht schlimm, zuzugeben, dass du Probleme hast und ein paar aufmunternde Worte gebrauchen könntest.

- **Veranschauliche deine Ziele.**

Vielleicht hast du schon ein genaues Ziel vor Augen – wenn nicht, ist das aber auch nicht schlimm. Ich werde dir im nächsten Kapitel noch zeigen, wie du dir darüber bewusst wirst und es am besten formulieren kannst. Dieses Ziel ist die treibende Kraft deiner Motivation, daher solltest du dich von nun an täglich damit beschäftigen. Natürlich würde es hier schon ausreichen, dir zu denken: *„Ich möchte selbstbewusst sein und mich endlich trauen, für mich einzustehen. Mein Chef soll merken, dass ich am besten dafür geeignet bin, die neue Abteilung zu leiten.“* Es geht aber noch viel besser.

Eine perfekte Möglichkeit dafür ist das sogenannte Visionboard. Hierfür bietet sich die App Pinterest besonders an: Erstelle dir dort kostenlos deine eigene Pinnwand und fülle sie mit Bildern, die deine Ziele widerspiegeln. Gehe dabei auf alle möglichen Lebensbereiche ein – du musst dich hier keineswegs auf deine Arbeit, Kleidung oder Ähnliches beschränken. Wichtig ist, dass du bei den einzelnen Bildern auch ein gutes Gefühl verspürst. Du solltest also nicht einfach das Erstbeste auswählen. Außerdem ist hier weniger mehr. Beschränke dich auf jeweils 2 - 3 Bilder, gerade dann, wenn du sehr viele einzelne Themen abdecken möchtest.

Du möchtest nicht täglich durch 200 Beiträge scrollen müssen, denn so verlieren sie auch den Großteil ihrer Wirkung. Halte es übersichtlich und prägnant. Bist du damit fertig, so solltest du dir mindestens ein Mal am Tag Zeit dafür nehmen, diese Pinnwand zu betrachten. Stelle dir vor, du hättest bereits all das erreicht oder erlebt, was darauf zu sehen ist, und genieße das tolle Gefühl, was dich dabei erfüllt. Solltest du das vergessen, kannst du dir auch gern eine Collage daraus erstellen und sie als Hintergrundbild einstellen. Alternativ kannst du dir auch Bilder ausdrucken und ein physisches Visionboard erstellen. Deiner Kreativität sind dabei keine Grenzen gesetzt. Wann immer du die Erinnerung daran brauchst, warum du diese Arbeit überhaupt auf dich nimmst, dann werfe einen Blick darauf.

- **Lerne, deinen Körper wertzuschätzen.**

So gut wie jeder Mensch mit einem geringen Selbstbewusstsein hat Probleme mit seinem Körper. Dabei ist es völlig egal, wie groß, klein, dick oder dünn derjenige ist – ist keine Selbstakzeptanz vorhanden, so würde es auch an der besten Figur immer etwas auszusetzen geben. Löse dich also bitte unbedingt von Vorstellungen wie *„Wenn ich mehr Muskeln aufgebaut* *habe, werde ich mich endlich toll finden können.*" oder „*Mit 10 Kilo weniger auf den Rippen werde ich unbesiegbar sein.*". Das entspricht schlichtweg nicht der Wahrheit, solange du deine Denkweise nicht grundlegend änderst. Warte bitte nicht auf solche Faktoren oder den „richtigen" Zeitpunkt, um mit deinem Selbstliebe-Training zu beginnen. Der richtige Zeitpunkt ist nämlich genau jetzt. Da du wahrscheinlich sowohl äußerlich als auch innerlich Probleme mit dir selbst hast, wirst du dich zu Beginn unter Umständen überfordert fühlen. In Bezug auf deinen Körper kannst du dir aber Folgendes bewusst machen, um den Fokus von deinen Unsicherheiten wegzulenken:

Hierbei betrachtest du deinen Körper und dich als zwei Komponenten – du bewohnst deinen Körper, sei es nun als Gehirn, Bewusstsein, Seele oder Ähnliches. Er ist für dich da, denn seine Hauptaufgabe ist es, dich zu beschützen und dafür zu sorgen, dass du alles hast, was du benötigst. Er versorgt dich mit Nährstoffen und setzt dir regelmäßig Essen vor, was dir besonders gut schmeckt. Er zieht dich im Winter warm an und hält dich im Sommer kühl. Er bringt dich überallhin, wo du willst. Wenn du erschöpft bist, sorgt er für Schlaf. Wenn du Schmerzen verspürst, sorgt er sich um deine Wunden.

Dein Körper ist ein wahres Wunderwerk, ohne den du einfach nicht existieren könntest. Findest du es vor diesem Hintergrund angebracht, ihn nur deswegen abzuwerten, weil er ein wenig größer sein oder ein paar Pölsterchen weniger haben könnte? Beispielsweise würdest du doch auch nicht dein Auto verfluchen oder sofort verkaufen wollen, nur weil es ein paar kleine Schrammen hat. Du kannst immer an deinem Körper arbeiten, wenn dir danach ist. Dennoch solltest du ihn auch dafür schätzen, was er alles schon für dich getan hat und noch tun wird. Das bist du ihm schuldig.

- **Du möchtest das.**

Du hast vielleicht ein wenig Angst vor all den Gefühlen, die du dafür fühlen musst. Du hast Respekt vor der vielen Arbeit. Ein Stück weit hast du dich eben auch daran gewöhnt, dass deine Selbstliebe stark zu wünschen übrig lässt. Aber dennoch möchtest du den Zustand erreichen, in dem du in völligem Einklang mit dir selbst lebst, ansonsten würdest du diese Worte gerade nicht lesen. Betrachte dich ruhig auch einmal von außen, möglichst wertungsfrei – du möchtest leben. Wäre das nicht der Fall, wärst du jetzt nicht hier, so doof das auch klingen mag. Warum solltest du also nicht das Beste aus deinem Leben machen wollen?

Du hast nicht dein Bewusstsein erlangt, um zu akzeptieren, dass du jahrzehntelang im Schatten deiner Mitmenschen vor dich hinvegetierst. Auch du hast eine Bestimmung, die du allerdings nur finden kannst, wenn du lernst, auf dich selbst zu hören. Und damit meine ich nicht die negativen Gedanken, die du so gut gewohnt bist, sondern das Gespür deines wahren Ichs, was du noch nicht sehen willst. Rede dir bitte also niemals ein, du würdest gar keine Selbstliebe benötigen und schon so klarkommen, denn damit versetzt du einem erfüllten Leben den Todesstoß.

Bitte behalte diese Ansätze im Hinterkopf, wenn du dich später der Praxis widmest. Diese Liste würde sich natürlich noch um zig Punkte erweitern lassen, aber hier ist es die Kernaussage, die zählt: Einerseits sollst du jede Hilfe annehmen, die du kriegen kannst, und andererseits musst du dich daran gewöhnen, einen anderen Blickwinkel einzunehmen. Noch sind deine Gedanken Lügner, die dich mit ihrer Negativität vergiften. Indem du diese aber regelmäßig hinterfragst oder dir eben bewusst machst, dass man das Ganze auch grundlegend anders betrachten kann, verlieren sie zunehmend an Kraft. Nur wenn du dich aus ihren Fängen befreist, wird es dir gelingen, dein Leben und auch dich selbst in einem völlig anderen Licht zu sehen. Und hast du das geschafft, fällt dir die Selbstliebe auch gar nicht mehr so schwer.

Selbstliebe im Lebensverlauf

Ich habe zuvor bereits kurz erwähnt, dass die Selbstliebe ein Faktor ist, der sich – je nach Erfahrung – im Laufe unseres Lebens unterschiedlich entwickelt. In diesem Kapitel möchte ich noch einmal gezielt auf die möglichen Einflüsse eingehen und dir zeigen, wie du dich von möglichen Altlasten befreien kannst.

DIE VERGANGENHEIT

In den meisten Fällen lässt sich eine geringe Selbstliebe auf Kindheitstraumata zurückführen. Diese lassen sich recht übersichtlich kategorisieren, aber wie sie letzten Endes wahrgenommen und vom betroffenen Kind verarbeitet werden, ist höchst unterschiedlich. Sehen wir uns einmal verschiedene Ursachen und mögliche Folgen an (Hönig, 2017):

- **Spannungen in der Familie:**
Es muss nicht immer etwas *mit* dem Kind passieren – manchmal wird es auch schon dadurch negativ beeinflusst, unschöne Situationen mitansehen zu müssen. Dazu zählen Spannungen im familiären Umfeld, das ihm eigentlich Halt geben und einen sicheren Hafen darstellen soll, in dem es sich geborgen fühlt. Wird dieser Frieden aber durch häufige Streitereien gestört, so können das (besonders junge) Kinder oft schwer verarbeiten. Besonders heikel wird es, wenn diese Konflikte eskalieren: Der Tonfall wird zunehmend rauer und es wird geschrien, Sachen werden nach dem Partner geworfen, schlimmstenfalls kommt es sogar zu häuslicher Gewalt.

Die Trennung oder Scheidung droht. Aber was passiert dabei im Kopf des Kindes? Es fühlt sich vernachlässigt und traut sich oft nicht, eigene Probleme anzusprechen, um die schlechte Laune seiner Eltern nicht noch weiter zu verschlimmern. Zudem hängt es zwischen den Stühlen und weiß nicht, auf wessen Seite es sich stellen soll. Besonders schlimm wird es dann, wenn die einzelnen Elternteile das Kind gegen den jeweils anderen aufhetzen, damit es den Respekt verliert. Dies erschüttert sowohl sein Harmoniebedürfnis als auch das Vertrauen zu beiden tief. Nicht selten führt dieser Umstand auch dazu, dass das Kind verinnerlicht, dass ein „normales“ Familienleben eben so aussieht, schließlich kennt es das nicht anders. Das führt dazu, dass es sich auch im Erwachsenenleben immer wieder in dysfunktionalen Beziehungen wiederfindet.

- **Leistungsdruck und wenig Lob:**

Manche Eltern machen den Wert ihrer Kinder davon abhängig, welche Noten oder Erfolge sie erzielen. Wann immer sie unzureichende Leistungen erbringen, werden sie dafür getadelt. Lob gibt es nur bei Bestleistungen. Einfach mal nur Kind sein und ohne tieferen Sinn oder Ziel spielen, wird verpönt. Am liebsten sollen sie im Grundschulalter schon wie Erwachsene funktionieren, um bestmöglich auf das spätere Leben vorbereitet zu sein. Das führt dazu, dass die Kleinen verinnerlichen, dass sie eben immer aus der Masse hervorstechen und perfekt sein müssen, andernfalls verdienen sie einfach keine Liebe. Sie reifen zu ernsten Erwachsenen heran, deren Sozialkompetenz oft eingeschränkt ist, da die Kindheit eben von ständigem Wettbewerb geprägt war und Spaß nicht gerade auf der Tagesordnung stand. Sie sind von der Bestätigung anderer abhängig und können ihren Selbstwert allein kaum aufrechterhalten. Rückschläge bereiten ihnen größte Probleme.

- **Körperliche, seelische oder sexuelle Misshandlungen:**

Solche Traumata verfolgen das Kind durch sein Leben und lassen sich nur schwer aufarbeiten. Gerade in einem jungen Alter kann es noch nicht verstehen, warum ihm das angetan wird und womit es das verdient hat. Irgendwann stellt es sich die Frage, ob irgendwas mit ihm nicht stimmt oder es etwas falsch gemacht hat, um diese Vorkommnisse irgendwie rechtfertigen zu können. Hinzukommt der Druck, den die andere Partei oft ausübt – das Kind traut sich nicht, darüber zu reden. So muss es in den meisten Fällen mit der Erfahrung und den daraus resultierenden Gefühlen leben, ohne dass seine Bezugspersonen wissen, was ihm fehlt. Die Folgen sind hier sehr unterschiedlich. Manche Betroffene werden still und ziehen sich in ihre Gedanken zurück, während andere den angestauten Frust in Form von Wutausbrüchen und Gewalt herauslassen. Es gibt auch ein passendes Sprichwort: *Der Misshandelte wird zum Misshandler.* Dabei tun die Betroffenen (oft im späteren Erwachsenenalter) Unschuldigen genau die Dinge an, die ihnen früher angetan wurden. Dabei handelt es sich um einen verzweifelten Versuch, sich die Kontrolle zurückzuholen, die ihnen damals genommen wurde.

- **Vernachlässigung:**

Kinder sind darauf angewiesen, dass Erwachsene ihnen dabei helfen, ihre Bedürfnisse zu erfüllen. Passiert das aber nicht und die Kleinen sind auf sich allein gestellt, so werden sie sich die Haltung annehmen, dass sie sich auf andere nicht verlassen oder ihnen nicht vertrauen können. Später haben sie enorme Schwierigkeiten damit, andere an sich heranzulassen und machen Probleme lieber mit sich selbst aus. Nicht selten sind sie dabei aber überfordert und kommen nicht wirklich klar. Die fehlenden Ratschläge wirken sich außerdem auch auf Bereiche wie die körperliche Hygiene, Respekt gegenüber anderen, die Nahrungsversorgung und finanzielle Verantwortung aus. Sie haben es eben nie richtig gelernt und können nur so leben, wie sie es sich selbst hergeleitet haben.

In diesen Fällen ist es notwendig, Frieden mit der Vergangenheit zu schließen. Dazu gehört es auch, Menschen zu vergeben – seien es die Eltern oder sonstige

Verwandte, Schulkameraden oder eben auch dein kindliches Selbst. Einen Groll zu hegen, ist deutlich leichter, allerdings wird dich das auf Dauer kein Stück voranbringen. Ich möchte dir kurz zeigen, wie du mit deiner Vergangenheit abschließen kannst (Fischer, 2019):

1. Nimm diese Zeit und die Erlebnisse so an, wie sie sind.
Verschließe nicht die Augen davor, spiel sie nicht herunter und dramatisiere sie auch nicht. Denke gezielt darüber nach, was damals passiert ist. Schreib dir ruhig ein paar Notizen dazu auf, wenn dir das hilft.

2. Lasse die Gefühle vollumfänglich zu.
Leider wird das sehr schmerzhaft, aber es ist notwendig, dass du wirklich alles fühlst. Und das bis zum Erbrechen, denn nur so gelingt dir die Heilung. Bisher konntest du wahrscheinlich noch nicht loslassen, weil du ebendiese Gefühle verdrängt und in dir eingeschlossen hast. Da sie aber rauswollen, kommt das alte Trauma immer wieder hoch und verfolgt dich. Stelle dich ihnen und sie werden ihre Macht verlieren.

3. Ziehe eine Therapie in Betracht.

Manchmal reichen die eigenen Anstrengungen nicht aus, um die Vergangenheit vollständig aufarbeiten zu können. Du benötigst dann professionelle Hilfe – schäm dich bitte keineswegs dafür. Dieses Angebot gibt es nicht umsonst, also informiere dich ruhig einmal bei deiner Krankenkasse.

4. Arbeite mit deinem inneren Kind.

Darauf werde ich später noch einmal gesondert eingehen. Im Kern geht es darum, deinem verletzten Kindheits-Ich die Liebe und Geborgenheit zu geben, die du dir damals von Erwachsenen gewünscht hättest. So kannst du alte Wunden von innen heraus heilen.

5. Lass los.

Mache dir bewusst, dass die Vergangenheit dir nicht mehr schaden kann und du im Hier und Jetzt lebst. Es sind nur Gedanken, die eigentliche Bedrohung hast du erfolgreich hinter dich gebracht. Wenn du alle schmerzhaften Gefühle erfolgreich gefühlt hast, kannst du dich darauf besinnen, was du für deine Zukunft möchtest. Von nun an konzentrierst du dich nur noch darauf und lässt dich nicht länger zurückhalten.

DIE GEGENWART – IST-STAND: WO STEHST DU UND WO MÖCHTEST DU HIN?

Wahrscheinlich wirst du bisher mit deinen Gedanken in der Vergangenheit gefangen gewesen sein. Dementsprechend könnte dir der wichtige Bezug zu deinem gegenwärtigen Ich fehlen, das von nun an aber im Mittelpunkt stehen soll. Seit deinen Traumata ist einige Zeit verstrichen und auch du hast dich verändert. Nun musst du erkennen, wer du jetzt bist und wo du noch hinmöchtest.

Um das zu erkennen, möchte ich, dass du auf die 3 Schritte der Selbstreflexion zurückgreifst, die ich dir bereits vorgestellt habe. Darüber hinaus gibt es aber noch weitere Punkte zu beachten, da dich eben nicht nur deine Handlungen ausmachen. Du kannst dir zusätzlich Fragen dazu stellen, wo deine Interessen liegen und welche Werte und Ideale du vertrittst. Was macht dich besonders? Welche Dinge, Tätigkeiten oder Personen machen dich glücklich? Wie sehen deine Beziehungen aus? Wo liegen deine Prioritäten? Denke auch hier ruhig wieder daran, welche Fragen du einer interessanten Person stellen würdest, über die du unbedingt mehr erfahren willst. Schreibe deine Antworten unbedingt nieder und wenn du magst, kannst du auch eine Mindmap erstellen. So erhältst du einen besseren Überblick darüber, wer du bist und was dich ausmacht. Diese Übersicht ist auch nicht abschließend, du solltest immer dahin zurückkehren, wenn dir noch etwas Neues einfällt. Je mehr Zeit vergeht, desto besser wird auch dein Gespür.

Ein Tipp: Um dein Ich besser zu erkennen, solltest du regelmäßig allein sein. Nimm dir Zeit für dich selbst und deine Gedanken, leg das Handy weg und vermeide sonstige Ablenkungen. Horche genau in dich hinein und beobachte, welche Gefühle und Gedanken aufkommen. Damit erhältst du einen unverfälschten Einblick, denn im Beisein anderer Personen kann es eben immer vorkommen, dass du dich verstellst.

Vielleicht möchte dich dein Gehirn zu Beginn deiner Überlegungen wieder davon überzeugen, dass alles schlecht ist: Sowohl du selbst als auch sämtliche andere Bereiche deines Lebens, es gibt an allem etwas auszusetzen. Aber das ist nicht so! Du musst zu einem Spürhund werden, der positive Aspekte aufstöbert – und seien sie auch noch so klein. Eine gute Möglichkeit, dies zu erreichen, ist das Praktizieren von Dankbarkeit. Immerhin gibt es so viel, für das du dankbar sein kannst. Über deinen Körper haben wir ja schon geredet, aber lenke den Blick ruhig einmal auf andere

Dinge: Das schöne Wetter heute, der Gesang der Vögel, deine eigenen 4 Wände. Du bekommst Geld, hast Zugang zu sauberem Wasser und medizinischer Versorgung, kannst einkaufen gehen und hast genug Kleidung, um dich vor den verschiedenen Temperaturen zu schützen. Damit hast du schon viel mehr als Millionen andere Menschen, warum nimmst du das also als selbstverständlich an und freust dich nicht darüber, dass es dir so gut geht? Wenn du gezielt darüber nachdenkst, wird dir immer mehr einfallen, was an deinem Leben gut ist. Lasse die Freude daran zu.

Weiterhin solltest du dich auch einmal mit Energieräubern und Energiespendern auseinandersetzen, immerhin brauchst du in den nächsten Monaten alle Energie, die du kriegen kannst (Stöckel, 2019).

- **Energieräuber** sind all die Umstände, Personen und Aktivitäten, die dich besonders stark auslaugen. Sie bringen dir nur Stress, wühlen dich auf und sorgen schlimmstenfalls dafür, dass du den ganzen Tag grübelst. Hier sind ein paar Beispiele dafür: Toxische Beziehungen, bei denen Streit an der Tagesordnung steht, ein Chef, der deine harte Arbeit nicht wertschätzt, zu wenig körperliche Bewegung, ein Hobby, das dir nicht gefällt, Geldsorgen, eine negative Sicht auf die Zukunft etc.

- **Energiespender** tun wiederum das Gegenteil, denn sie tun dir gut und geben dir neue Kraft für deinen Alltag. Dazu zählen beispielsweise die folgenden Dinge: Treffen mit einem lieben Menschen, der dich mit seiner tollen Art ständig zum Lachen bringt und dich aufbaut, das Abschalten in der Wanne nach einem langen Tag, ein erfüllendes Hobby, bei dem du dich kreativ austoben kannst, ein ruhiger Schlafplatz oder auch regelmäßige Meditationen.

Werde dir darüber bewusst, inwiefern diese beiden in deinem Leben vertreten sind. Besonders wichtig ist hierbei das Verhältnis: Am besten wäre es natürlich, wenn es nur Energiespender gibt, aber wenn du merkst, dass die Energieräuber bei Weitem überwiegen, dann sollten alle Alarmglocken schrillen. In diesem Fall musst du unbedingt darauf hinarbeiten, dass du sie weitestgehend eliminierst. Das wird dich wohl oder übel dazu zwingen, deine Komfortzone zu verlassen. Schließlich handelt es sich hierbei nicht selten um die Entscheidung, einen anderen Job zu suchen oder sich von bestimmten Menschen zu verabschieden, die dich schon lange begleitet haben. Das Bewahren deiner Energie ist aber schlichtweg wichtiger. Du tust dir selbst keinen Gefallen, wenn du einfach nur anderen zuliebe in einer Situation bleibst, die dir schadet. Wenn du danach endlich mehr Zeit und mehr Kapazitäten hast, dann solltest du sie unbedingt für Leute oder Aktivitäten verwenden, die dein Leben bereichern – all das ist ein riesiger Akt der Selbstliebe.

DIE ZUKUNFT

Planlos geht der Plan los? Hier absolut nicht der Fall. Damit du deine Anstrengungen bestmöglich koordinieren kannst, ist es wichtig, auf ein bestimmtes Ziel hinzuarbeiten. Solltest du bisher noch nichts Konkretes vor Augen haben, möchte ich dir helfen, etwas für dich Passendes auszuarbeiten.

Ich möchte, dass du dich in einer ruhigen Minute einmal hinsetzt und überlegst, wie du dir deine Zukunft vorstellst. Denke an dein Auftreten, deinen Beruf, dein Aussehen, dein soziales Umfeld. Du kannst natürlich deine Träume einfließen lassen, aber achte bitte darauf, dass du ein realistisches Ziel wählst. *„Ich möchte in 5 Jahren ein beliebter Milliardär sein, der meist auf seiner riesigen Jacht lebt und irgendwann privat zum Mond fliegt.“* klingt zwar verlockend, ist hier aber ein klitzekleines bisschen zu hoch gegriffen. Nimm dir eine Zielstellung vor, die sich realistisch erreichbar anfühlt. Wenn du nun eine Idee hast, dann stell dir die folgende Frage: *Will ich das?* An dieser Frage orientierst du dich dann (Mai, 2022).

- **Will** ich das? -> Stehst du voll und ganz hinter diesem Ziel und bist gewillt, sämtliche Hürden zu bewältigen und die Konsequenzen zu tragen, die damit verbunden sind?
- Will **ich** das? -> Besteht dieses Ziel wirklich aus deinen Wünschen und Vorstellungen oder hast du es ausgewählt, weil du denkst, du würdest damit die Erwartungen anderer Leute erfüllen?
- Will ich **das**? -> Hast du dein Ziel genügend konkretisiert oder fehlt noch etwas?

Erst wenn du all diese Fragen positiv beantworten kannst, bist du wirklich bereit dazu, mit den weiteren Schritten zu beginnen. Hier gibt es allerdings noch eine wichtige Sache zu beachten: Es bleibt nicht bei diesem einen Ziel. Es symbolisiert (vorerst) das Ende deines Weges und sollte dir ermöglichen, ein erfülltes Leben zu leben, wenn du es erreicht hast. Von da aus kannst du dann entscheiden, ob du diesen Status aufrechterhalten oder dich noch weiter nach oben entwickeln möchtest.

Das Problem liegt hier allerdings darin, dass die Entfernung zu deinem Ziel noch so groß ist, dass du so nicht wüsstest, wie du denn am besten dahinkommst. Daher ist es wichtig, dass du weitere Teilziele erstellst, die einen roten Faden schaffen und dir genau zeigen, was der nächste Schritt ist.

Lautet dein großes Ziel also beispielsweise *„Ich möchte mich selbst lieben – mit all meinen Ecken und Kanten."*, dann könnte das folgendermaßen aussehen:

1. Ich werde mir darüber bewusst, dass auch ich es verdiene, bedingungslos geliebt zu werden.
2. Ich schreibe jeden Abend 5 Dinge auf, die mir an mir selbst besonders gut gefallen.
3. Wenn ich merke, dass es mir immer leichter fällt, 5 Dinge zu finden, dann erweitere ich diese Liste auf 10 Punkte.
4. Ich setze mich mit mir selbst auseinander und erforsche bewusst, wo meine Schwächen liegen. Ich schreibe auf, welche Eigenschaften ich gern ändern würde. Dabei bleibe ich aber fair zu mir selbst und mache mich nicht schlecht.
5. Ich stelle mir diese Eigenschaften bei anderen vor. Vielleicht finde ich sie nur bei mir selbst schlimm und

kann sie bei anderen tolerieren. Ich lasse nur diejenigen übrig, an denen ich wirklich arbeiten muss.
6. Ich begebe mich immer wieder in die Situationen, die diese Eigenschaften triggern. Ich beobachte mein Verhalten, reflektiere es und versuche, es beim nächsten Mal besser zu machen. Das mache ich so lange, bis ich gut damit leben kann.
7. Als Nächstes erforsche ich meine Stärken und überlege, wie ich sie noch weiter ausbauen kann.

Und so weiter.

Scheu dich bitte nicht davor, kleinschrittig vorzugehen. Hier ist ein guter Mittelweg angebracht: Die Teilziele sollen dich fordern, aber nicht überfordern, damit du bestmöglich motiviert wirst. Und das Wichtigste: Belohne und lobe dich selbst ausgiebig. Deine Anstrengungen sind keineswegs zu unterschätzen, also würdige sie dementsprechend. Sei dabei ruhig kreativ und schaffe Abwechslung. Du kannst dich beispielsweise am Ende jedes Tages vor den Spiegel stellen, dir in die Augen schauen und dir sagen, dass du stolz auf dich bist. Jeden Morgen spornst du dich selbst an, indem du dir sagst, dass du stark bist und das schaffst. Beim Erreichen eines Teilzieles kannst du dir etwas Schönes gönnen, was dir Freude macht: ein leckeres

Gericht, eine professionelle Massage oder auch die Jacke, auf die du schon seit Langem ein Auge geworfen hast. Wenn du Erfolge verzeichnen kannst, die du selbst als Meilenstein erachtest, dann kannst du über noch größere Belohnungen nachdenken.

Damit du deine Fortschritte besser nachvollziehen kannst, bietet es sich an, Tagebuch zu schreiben. Es wird sich vielleicht nicht so anfühlen, als würde es vorwärtsgehen – wenn du dann aber ein paar Wochen zurückblätterst und die Einträge vergleichst, dann wirst du deutliche Unterschiede bemerken. Darüber hinaus hilft dir das Schreiben auch für deinen Tagesabschluss, denn wenn du all deine wichtigen Gedanken zuvor zu Papier bringst, wirst du später im Bett nicht mehr grübeln.

Das Kernelement der Selbstliebe: Die Auseinandersetzung mit dem inneren Kind

Es ist völlig egal, wie alt du bist – jeder Mensch verfügt über eine jüngere Form seines eigenen Ichs, das innere Kind, was ihn begleitet. Die Psychologin Margaret Paul äußerte sich folgendermaßen zu diesem Konzept: „*Wir definieren das innere*

Kind als unser wahres Seelenselbst, das sich oft über Gefühle mitteilt" (Schultheiß, 2022).

Diese Definition macht allerdings nicht wirklich schlauer. Es handelt sich bei der Thematik „inneres Kind" nicht um eine psychologische Praxis, die wissenschaftlich fundiert ist. Vielmehr wird das Kind hier zu einer Metapher, die es uns erleichtern soll, zu erkennen, warum wir eben so sind, wie wir sind. Unsere Kindheit ist ein fester Bestandteil unserer Vergangenheit, der uns nie loslässt – auch dann nicht, wenn sie bereits 50 Jahre oder sogar noch länger zurückliegt. Ist sie aber eher der Ausdruck einer Zeit voller traumatischer Erlebnisse und Probleme, so verschließt man sich als Erwachsener oft bewusst davor und versucht, stattdessen stur nach vorn zu blicken. Schließlich kann man die Erfahrungen eh nicht mehr löschen.

Dennoch kann man nicht leugnen, welchen ungeheuren Einfluss sie auf das weitere Leben ausgeübt haben. Eine schlimme Situation in der frühen Kindheit reicht teilweise schon aus, um einen späteren Erwachsenen daran zu hindern, anderen Personen vollständig zu vertrauen. Die meisten Probleme, die sich im späteren Leben ergeben, lassen sich nun darauf zurückführen und sinnvoll erklären. Beispiele:

- **Anna möchte unter keinen Umständen vor ihrem Freund weinen. Wann immer sie aufgebracht ist und die Emotionen zu stark werden, zieht sie sich zurück und lässt niemanden an sich heran.** Das liegt daran, dass ihre Eltern sie früher immer gerügt haben, wenn sie geweint hat. Ihre Gefühle wurden nicht ernst genommen und sie sollte sich zusammenreißen, um keinen Ärger zu machen. Nun denkt sie, ihre Gefühle sind nicht gerechtfertigt und stören andere nur.
- **Martin umgibt sich permanent mit Freunden und kann nicht gut allein sein, angeblich wird ihm dann langweilig. Wann immer jemand keine Zeit für ihn hat, wird er von schlimmen Sorgen geplagt und fragt sich, ob er etwas falsch gemacht hat. Manchmal befürchtet er dabei auch gleich das Ende der Freundschaft.** Das liegt daran, dass Martins Vater ihn schon früh verlassen hat. Er und seine Mutter haben sich im Laufe der Jahre immer weiter entfremdet, bis er schließlich die Familie komplett verließ und ein neues Leben mit einer neuen Frau begann. Martin hat dadurch große Angst, wieder verlassen und vergessen zu werden, ohne dass er auch nur im Geringsten etwas dafürkann. Deshalb fühlt er

sich gezwungen, zu klammern. Das Alleinsein erinnert ihn an den damaligen Schmerz.

- **Klaus kann einfach nicht aufhören, zu essen. Und dabei handelt es sich nicht einmal um frustbedingtes Essen – er kann es sich einfach nicht erklären. Sowie er einkaufen war, ist der Kühlschrank innerhalb einiger Stunden wieder fast leer.** Als Kind hatten seine Eltern nur wenig Geld, was dann dazu führte, dass nur wenig Essen im Haus war und die Familie regelmäßig hungern musste. Wann immer er eine Scheibe Brot bekam, war er sich nicht sicher, wann es das nächste Mal etwas geben würde. Nun, wo er erwachsen ist und sich all die Nahrungsmittel leisten kann, die er benötigt, fällt er trotzdem in dieses alte Denkmuster zurück. Er fühlt sich gezwungen, möglichst viel zu essen, um seinen Körper für eventuell anstehende Hungerperioden zu wappnen.

Um diese Glaubens- und Verhaltensmuster zu korrigieren, bedarf es einer psychologischen Therapie. Hier kommt nun das innere Kind ins Spiel: Diese Herangehensweise soll den Betroffenen dabei helfen, einen besseren Zugang zu ihrer Vergangenheit zu finden und leichter damit umgehen zu können. Und das geht sogar richtig gut allein, ohne dass man dafür einen

Psychologen aufsuchen muss. Und das funktioniert folgendermaßen:

Oft sind die Erinnerungen an schlimme Situationen so schmerzhaft, dass man sich um keinen Preis in diese Gefühlslage zurückversetzen möchte. Das macht es sehr schwer, sich völlig allein damit zu beschäftigen. Die Aussicht auf Erfolg ist hier relativ gering, wenn man nicht genau weiß, was man tut und wie man mit den aufkommenden Gefühlen umgehen soll. Das Konzept des inneren Kindes ermöglicht eben jenen Umgang, indem man das eigene Ich „aufteilt" und so einen anderen Blickwinkel auf die jeweilige Situation erhält. Es gibt nun also das Erwachsenen-Ich und das Kind. Manche arbeiten auch noch gern mit dem rebellischen inneren Teenager, aber hier möchte ich mich auf das Kind beschränken.

Die meisten Übungen bestehen nun darin, dass man sich zunächst entspannt, beispielsweise mithilfe einer Meditation, und anschließend die Augen schließt. Danach versetzt man sich in eine traumatische Situation zurück, aber beobachtet sie nun von außen. Man nimmt die Perspektive eines unsichtbaren Erwachsenen ein, der sich das Ganze mitansieht. Diese Position ermöglicht es dem Betroffenen, auf das verletzte Kind einzuwirken. Wenn es bitterlich weint, so kann man nun zu seinem früheren Selbst gehen, ihm eine imaginäre Umarmung geben und ihm das sagen, was man damals unbedingt hätte hören wollen. Man kann aber beispielsweise auch intervenieren: Wurde man als Kind oft von seinem Vater angebrüllt, so kann man sich ihm nun entgegenstellen und ihm all das sagen, was man sich früher nicht getraut hat. Man kann ihn daran hindern, dem Kind weiter wehzutun, und zeigen, dass ein Erwachsener da ist, der es beschützt.

Es kann gut sein, dass das zuerst ein wenig befremdlich wirkt. Letzten Endes übst du damit aber nur das, was du während deiner Reise zur Selbstliebe eh schon erreichen möchtest – du bist für dich selbst da.

Im Kern geht es darum, dass das innere Kind so verletzt wurde, dass es deinem Erwachsenen-Ich nun nicht erlaubt, so etwas noch mal zu erleben. Sein Urvertrauen konnte sich entweder nicht richtig ausbilden oder wurde derartig erschüttert, dass es sich einfach nicht traut, sich voll und ganz auf andere einzulassen und seine verletzliche Seite preiszugeben. Damit hindert es dich aber daran, dein Leben vollumfänglich zu genießen. Solche Übungen sollen dir nun dabei helfen, dieses Vertrauen wiederherzustellen, damit sich dein inneres Kind entspannen kann und dir nicht weiter diktiert, wie du zu handeln hast.

Bisher sieht es so aus, als ob du dich entweder von ihm kontrollieren lässt oder gegen es ankämpfst. Du möchtest aber an den Punkt gelangen, wo du mit ihm im Einklang lebst und ihr beide auf eine gesunde Art und Weise voneinander profitiert. Du wirst also praktisch zu dem erwachsenen Beschützer, den du dir in solchen Situationen immer gewünscht hast. Du gibst dir selbst die Liebe und Zuneigung, die dir früher fehlte. Du zeigst dir selbst, dass alles gut werden wird, du stolz auf das Kind bist und an es glaubst. Du baust dich selbst auf und machst damit diese schmerzhaften Erinnerungen erträglicher.

Wenn du solche Übungen oft und mit vielen verschiedenen Situationen aus der Vergangenheit wiederholst, dann kannst du Schritt für Schritt alte Wunden heilen. Und das aus deinem Inneren heraus. Du sitzt direkt an der Quelle – näher kannst du dem Problem nicht kommen. Außerdem gibt es wohl keine schonendere Weise: Während bei den meisten Therapien so hartnäckig in deinen Traumata herumgegraben wird, dass du auch noch Tage später damit zu kämpfen hast, so verlässt du diese Übung meist sogar mit einem wohligen Gefühl.

Und das alles zahlt sich doppelt und dreifach aus: Dein verletztes inneres Kind ist wohl der Hauptgrund dafür, dass du keine gesunde Selbstliebe entwickeln konntest. Wenn du ihm nun aber zeigst, dass es vertrauen, Spaß haben und seinen Interessen nachgehen darf, so wird es sich bei dir bedanken, indem es deinen inneren Frieden wiederherstellt. Lebst du im Einklang mit deiner Vergangenheit, so kannst du dich aus den schädlichen Mustern lösen und dich endlich selbst verwirklichen. Wird dieser Teil von dir geliebt, so folgen dein jetziges und dein zukünftiges Ich auch bald. Scheue dich also nicht davor und probiere es ruhig einmal aus.

Bonus I: Finde mit diesen praktischen Übungen zu mehr Selbstliebe

Ich möchte dir in diesem Buch möglichst viele Übungen mit an die Hand geben. Viele davon haben auch mir geholfen. Ich kann dir nur einen Tipp vorab geben: Lass dich einfach darauf ein. Manche Übungen werden befremdlich klingen und du wirst dich vielleicht fragen, warum gerade *so etwas* dir helfen sollte. Wenn du aber mit einer solchen Haltung an die Übung herangehst, dann wird sie sich aller Wahrscheinlichkeit nach auch bestätigen und du siehst keinen Effekt – zumindest nicht den, den man sich erhoffen würde.

Wenn du merkst, dass du mit einzelnen Übungen absolut nicht warm wirst, dann zwing dich bitte auch nicht dazu und streiche sie gedanklich durch. Nicht jede Übung ist für jeden Menschen geeignet und es gibt nicht den *einen* Weg, der zu mehr Selbstliebe führt. Letzten Endes kennst du dich selbst am besten und musst auch selbst herausfinden, was gut für dich ist. Auch hier gilt wieder Trial-and-Error: Probiere ruhig einmal alle Übungen im Laufe der nächsten Tage/Wochen aus und verschaffe dir einen ersten Überblick darüber, was dir gefällt oder eher nicht so dein Fall ist. Wichtig ist auch, dass du dich selbst weder hetzt noch überforderst. Selbstliebe soll keine temporäre Obsession werden, ähnlich wie bei einem Spielzeug, was anfangs jeden Tag bis zum Erbrechen benutzt wird und danach genauso schnell wieder in der Versenkung verschwindet. Hier geht es darum, eine dauerhafte Routine zu etablieren, die dich dein ganzes Leben lang begleiten wird. Und den besten Weg findest du eben nicht heraus, indem du dich mit 20 Übungen am Tag oder völlig unrealistischen Zielen überlastest. Mach dir also bitte keinen Stress.

Du musst außerdem herausfinden, ob du eine starre Routine oder regelmäßige Abwechslung bevorzugst. Wir hatten ja zuvor schon festgestellt, dass sich die Selbstliebe hinter jeder kleinsten Handlung verstecken kann. Dementsprechend ist es nicht schwierig, viele verschiedene Möglichkeiten zu finden. Für den Anfang würde ich es dir allerdings empfehlen, dich an ein kleines Repertoire von Übungen zu halten, die dich die ersten Wochen lang regelmäßig begleiten. So kann sich dein Gehirn ganz in Ruhe an diese neue Denkweise gewöhnen und wird nicht sofort mit unzähligen neuen Einflüssen bombardiert. Außerdem lassen sich deine Erfolge daran besser messen, da du so bemerkst, wie die Übungen dir immer leichter fallen. Wenn du das Gefühl hast, schon viel erreicht zu haben, dann kannst du dich gern den nächsten Übungen widmen, die Schwierigkeit erhöhen oder einfach improvisieren.

Kommen wir aber nun zu den einzelnen Übungen:

Kritisiere dich – aber richtig:

Mit Sicherheit wird dir Selbstkritik langsam zum Halse raushängen. Das ist auch nicht verwunderlich, schließlich hat sie dich jahrelang fast täglich begleitet. Eins deiner Ziele wird es sein, diese negative Kritik aus deinen Gedanken zu verbannen. Daran solltest du auch unbedingt festhalten. Mach dir aber bitte bewusst, dass nicht jede Kritik automatisch schlecht sein muss – ist sie konstruktiv formuliert, kann sie dir weiterhelfen.

Die Übung lautet nun so: Wann immer sich dein innerer Kritiker meldet, beobachtest du zunächst (möglichst neutral), was er dir zu sagen hat. Sind seine Worte beleidigend und niederschmetternd, so denkst du bitte nicht näher darüber nach. Verändere stattdessen deinen Blickwinkel: Vor dir steht nun dein bester Freund, der gerade genau den gleichen Fehler begangen hat wie du. Wenn du die Worte deines inneren Kritikers nicht 1 : 1 so an deinen Freund weitergeben würdest, verbannst du sie ganz schnell aus deinem Gedächtnis. Denke dafür darüber nach, wie du in diesem Falle die Kritik formulieren würdest. Du möchtest deinem Freund helfen, ohne ihn zu verletzen.

~~*„Du kannst einfach nichts, du bist einfach nur wertlos.“*~~
„Nicht schlimm, jeder macht mal Fehler. Beim nächsten Mal machst du es einfach besser.“

~~*„Warum kannst du nicht einfach so gut wie Herr Franke sein? Er stellt sich doch auch nicht so dumm an.“*~~ *„Vielleicht solltest du Herrn Franke mal nach Hilfe fragen. Er hat so viel Erfahrung, da gibt er dir bestimmt gern ein paar Tipps.“*

~~*„Wenn du diese Prüfung schon verbockt hast, dann wird die nächste auch nichts. Du bist wohl einfach zu dumm.“*~~
„Nächstes Mal lernst du einfach ein paar Tage früher

und lässt dich nicht davon ablenken. Du hast doch noch eine zweite Chance, diesmal schaffst du es.“

Wenn du die konstruktive Kritik nun erfolgreich formuliert hast, kehrst du in die gegenwärtige Situation zurück und richtest sie an dich selbst. Wann immer du in dein altes Muster zurückzufallen drohst, wendest du diese Technik an. Du lässt nicht zu, dass du gemein zu geliebten Menschen bist, also gilt das von nun an auch für dich selbst (*Anleitung Zu Mehr Selbstliebe: Wie Man Lernt, Sich Selbst Zu Lieben*, n. d.).

Gib dir selbst das, was andere dir nicht geben können oder wollen:

Vielleicht kennst du die folgende Situation schon aus der einen oder anderen Beziehung: Du würdest dich über kleine Geschenke und Aufmerksamkeiten freuen (Blumen, Essen kochen, vorbereitete Dates etc.) und hast das bereits mehrfach geäußert, aber es kommt einfach nichts zurück und du wartest vergeblich. Oder du redest mit deinem besten Kumpel bereits seit Jahren darüber, dass ihr zu deinem Geburtstag einmal einen Städtetrip nach Hamburg machen wollt, weil du dich dort richtig wohlfühlst. Er entgegnet jedes Mal, dass er definitiv dabei ist, aber wenn es dann um die

Planung geht, vertröstet er dich ständig, sodass es dann doch nichts wird.

Du bist jedes Mal aufs Neue enttäuscht, weil andere dich hängen lassen und sich deine Träume und Wünsche dadurch nicht erfüllen. Aber warum lässt du das immer wieder zu und machst dein Glück von der Kooperation anderer Menschen abhängig? Den Großteil der Dinge, die du dir wünschst, kannst du auch wunderbar allein erledigen. Du wünschst dir Blumen? Geh zum Floristen und lass dir einen schönen Strauß zusammenstellen. Du möchtest nach Hamburg? Buch dir ein Hotel und fahr allein. Du möchtest ein schönes Date in einem extravaganten Restaurant und anschließend den Film im Kino ansehen, dessen Ausstrahlung du schon sehnlichst erwartet hast? Reserviere dir einen Tisch und eine Karte und geh selbst. Das klingt vielleicht ziemlich stumpf und langweilig, aber seien wir ehrlich: Den Großteil der Freuden, die du gern erleben möchtest, kannst du dir auch wunderbar selbst ermöglichen. Du brauchst dafür niemanden sonst, das ist alles eine Sache der Überwindung.

Das bedeutet natürlich nicht, dass du von nun an immer alles allein machen sollst. Es geht nur darum, dass du deine Träume auch eigenständig verfolgst, wenn andere sich weigern. Begeistere dich also einfach mal selbst.

Was die eigentliche Übung betrifft, so möchte ich, dass du dich langsam herantastest. Wenn du dich bisher immer nur in Gesellschaft wohlgefühlt hast, dann wird es wohl nicht der beste Plan sein, sofort einen 2-wöchigen Urlaub in ein fremdes Land zu buchen, dessen Sprache du nicht sprichst. Beginne mit kleinen Dingen. Plane doch mal einen Ausflug in den nächsten Park, setz dich auf eine Bank und beobachte die Natur. Probiere allein ein neues Café aus oder geh in das Restaurant, wo du immer schon hinwolltest. Besuche einen Kurs und probiere ein neues Hobby aus. Wenn dir danach ist, kannst du auch allein in einen Club und tanzen gehen oder ein Konzert besuchen, zu dem dich sonst niemand begleitet hätte. Vielleicht bist du ja bei diesen Aktivitäten schon bald nicht mehr allein und ein netter Fremder gesellt sich zu dir, weil er neugierig ist. Du hast also gleichzeitig die Chance, neue Menschen kennenzulernen und lernst, mehr aus dir herauszugehen. Beiße dich also bitte nicht an der Idee fest, währenddessen um jeden Preis allein bleiben zu müssen – wann immer sich ein nettes Gespräch anbietet, solltest du auch darauf eingehen.

Versuche, einen solchen Ausflug mindestens ein Mal wöchentlich einzuplanen. Zu Beginn kommt etwas ganz Simples, was auch nicht unbedingt lange dauert. Komm nicht auf die Idee, es zu verschieben oder in der letzten Minute abzuspringen. Trage es dir mit einer festen Uhrzeit in deinen Kalender ein, wenn es dir hilft, und behandele es als notwendigen Termin. Achte auch darauf, dass du währenddessen nicht die ganze Zeit mit den Augen an deinem Handy-Bildschirm klebst. Lass das anfängliche Gefühl der Einsamkeit zu, denn du sollst eben lernen, dich auch nur in deiner eigenen Gesellschaft vollkommen und wohlzufühlen. Du wirst merken, dass es mit der Zeit immer leichter wird. Danach steigerst du dich regelmäßig und gehst entweder für einen längeren Zeitraum weg oder suchst andere Orte auf. Lerne, mit dir selbst Spaß zu haben. Führe dich selbst so aus und verwöhne dich, wie du es dir von einem Partner wünschen würdest.

Selbstliebe spiegelt sich nach außen wider:

Bei vielen (nicht allen!) Menschen mit wenig Selbstliebe lässt sich beobachten, dass sie ihrem äußeren Erscheinungsbild kaum Beachtung schenken. Sie wollen sich keinesfalls mehr als nötig mit ihrem Äußeren auseinandersetzen und haben daher eine sehr lasche Einstellung, was ihr Auftreten betrifft – ganz nach dem Thema *„Alles Wichtige ist bedeckt, das muss reichen"*. Es lassen sich dann verschiedene Stadien beobachten: Manche ziehen einfach nur sehr lieblos zusammengestellte Kleidung an und dämpfen dadurch ihre Ausstrahlung, während andere auch ihre Hygiene stark vernachlässigen.

Gerade, wenn noch psychische Erkrankungen wie Depressionen mit im Spiel sind, kann es schnell vorkommen, dass einfach keine Energie dafür da ist, ein gepflegtes Äußeres beizubehalten. Ich kann trotzdem nur an dich appellieren: Kümmere dich bitte um dein Erscheinungsbild. Das bedeutet jetzt keineswegs, dass du jeden Tag einen Anzug anziehen oder dich stundenlang schminken sollst – das sind alles Präferenzen, die ich dir nicht vorschreiben kann. Halte dich aber auf jeden Fall an die gängige Hygiene, unangenehme Gerüche oder verdreckte bzw. schon auseinanderfallende Kleidung müssen nicht sein.

Was die Wahl deiner Outfits betrifft, so solltest du etwas wählen, was zu dir passt. Natürlich gibt es Menschen, die keinen Wert auf Farben, Formen und Schnitte legen. Aber selbst diejenigen können mir nicht erzählen, dass es nicht mindestens eine Kombination gibt, in der sie sich absolut fantastisch, fast schon unbesiegbar, fühlen. Und genau auf dieses gute Gefühl möchte ich mit dieser Übung abzielen – du sollst es möglichst regelmäßig erleben. Das Tolle daran ist nämlich, dass sich dahinter ein Domino-Effekt verbirgt: Wenn du selbst das Gefühl hast, umwerfend auszusehen, dann verändert sich deine Ausstrahlung ganz automatisch. Du gehst aufrechter, zeigst Stolz und tendierst dazu, viel öfter zu lächeln. Damit strahlst du letzten Endes auch Selbstbewusstsein aus und zeigst allen anderen: *„Hier bin ich. Ich weiß, wer ich bin und stehe dazu."* Das begeistert auch andere von dir und du wirst viele positive Kommentare und Blicke erhalten. Das fühlt sich tausendmal besser an, als immer nur die graue Maus zu geben, die nicht auffallen möchte. Und je wohler du dich in deinem Körper fühlst, desto leichter fällt dir auch die Selbstliebe. Immerhin kannst du durch diesen ordentlichen Schub an Selbstbewusstsein auch leichter deine Stärken zeigen. Gib deiner Kleidung also ruhig mal die Chance, deinen ganzen Tagesablauf positiv zu beeinflussen.

Diese Übung wird dich langfristig begleiten, daher ist es wichtig, dass du am Ball bleibst. Besonders hier gibt es nämlich sehr viel auszuprobieren oder zu entdecken. Geh dabei am besten in verschiedenen Phasen vor, damit du nicht 5 Sachen gleichzeitig in Angriff nehmen musst:

- Nimm dir zuerst deinen Kleiderschrank vor. Alles, was schon auseinanderzufallen droht oder wo sich kleine Mängel nicht mehr flicken lassen, fliegt raus. Am besten auch die Sachen, die du sonst nur zu Hause anziehen würdest – beweise dir selbst, dass du es in jeder Situation verdient hast, saubere und heile Kleidung zu tragen.
- Arbeite dich Stück für Stück durch deinen Kleiderschrank. Probiere jedes einzelne Stück an und schaue, ob es dir noch richtig passt und deinen Geschmack trifft. Trenne dich von den Sachen, die es nicht tun. Ein gutes Indiz ist auch, wann du dieses Stück das letzte Mal getragen hast. Seien wir mal ehrlich – viele Sachen kaufen wir, tragen sie ein paarmal und danach verschwinden sie jahrelang in der hintersten Ecke, weil danach schon wieder etwas Neues dazukommt. Du musst die Sachen auch nicht wegschmeißen, wenn sie noch in Ordnung sind. Jemand anderes freut sich

bestimmt darüber, also bietet sich ein Verkauf oder eine Spende immer an.

- Werde dir darüber bewusst, was du willst. Gibt es bereits ein Outfit, in dem du dich super fühlst? Dann nimm das als Anreiz für zukünftige Käufe. Sollte das noch nicht der Fall sein, dann kannst du dir gern einmal die Zeit dafür nehmen, das Internet zu durchstöbern. Vielleicht kennst du Leute, deren Stil dir richtig gut gefällt, oder möchtest dich erst mal mit allen möglichen Schnitten vertraut machen. Achte hier wirklich auf alles Mögliche: Die Farbe, Muster oder kein Muster, Ärmel- und Beinlänge, Kragenart etc.
- Probieren, probieren, probieren. Das wird der anstrengendste Teil, denn selbst wenn du eine bestimmte Stilrichtung gewählt und vielleicht sogar schon tolle Outfits ausgesucht hast, dann heißt das noch lange nicht, dass dir die Sachen auch wirklich stehen. Es passt auch nicht jede Farbe zu jeder Person. Hinzu kommt, dass du deine Proportionen beachten solltest. Der wichtigste Grundsatz hierbei: Die Kleidung soll zu deinem Körper passen, nicht der Körper zu der Kleidung. Zwänge dich also bitte nicht in viel zu kleine Sachen, die nur eventuelle Problemzonen hervorheben würden. Es wird eine Weile dauern, bis du das Richtige gefunden hast. Bis dahin wirst du einige

Shoppingtouren oder Bestellungen benötigen, bring also etwas Ausdauer mit und stecke nicht sofort den Kopf in den Sand. Frage ruhig auch mal Freunde oder Bekannte, ob sie dich begleiten oder ob du etwas von ihnen anprobieren darfst. Wenn es dir das Geld wert ist, kannst du den ganzen Prozess auch abkürzen, indem du einen Stilberater beauftragst.

- Überlege dir, ob Trends es wert sind. Viele davon gehen, so schnell sie auch gekommen sind. Manche wiederholen sich alle paar Jahre oder Jahrzehnte, andere sieht man wohl nie wieder. Mach dir das bewusst, bevor du dir zig neue Sachen kaufst, um mit dem Mainstream mitzuhalten. Verfügst du über genügend finanzielle Mittel, um deinen Kleiderschrank regelmäßig aufzustocken, dann steht dir das natürlich frei. Wenn du aber mehr Wert auf Beständiges legst, dann solltest du dir Sachen aussuchen, die außerhalb dieser Trends laufen und einfach immer gehen. Das ermöglicht dir auch, Stücke von höherer Qualität auszuwählen, die dafür eben auch deutlich länger halten und sich angenehmer anfühlen. Hast du schon mal etwas von einer Capsule Wardrobe (Kapselgarderobe) gehört? Sie besteht nur aus wenigen einzelnen Stücken, die aber wiederum so gut aufeinander abgestimmt sind, dass sich daraus unzählige Kombinationen bilden lassen und du trotzdem für verschiedene Anlässe etwas Passendes dahast. Dazu gibt es zahlreiche Videos und Beiträge im Internet, falls dein Interesse geweckt ist.

Teile dir die einzelnen Phasen dieser Übung so ein, dass du vielleicht jeden Tag bzw. jeden zweiten Tag weitermachst. Nur beim eigentlichen Shoppen solltest du dir vielleicht etwas mehr Zeit nehmen, ansonsten hängt es dir vielleicht sehr schnell zum Halse raus. Außerdem würde sich dein Konto bestimmt nicht darüber freuen, wenn du alles auf einmal kaufst. Vielleicht möchtest du dir ja dafür jeden Monat 1 - 2 neue Stücke gönnen?
Kommen wir nun noch kurz zur Hygiene:

- So viel Zeit muss sein. Auch wenn du dafür ein paar Minuten früher aufstehen musst: Zähneputzen, Gesicht waschen, Haare kämmen und Duschen muss sein. Meinetwegen auch eine Katzenwäsche, wenn die Zeit drängt und kein Weg drumherum führt. Das ist das absolute Minimum.
- Das betrifft die Frauen ganz besonders: Schmink dich abends bitte immer ab, egal, wie müde du bist oder wie spät es ist. Du brauchst nicht unbedingt eine Skincare-Routine mit 15 Schritten einhalten, wenn du

nicht möchtest, aber so viel muss sein. Deine Haut und dein Kissenbezug werden es dir danken.

- Achte auf die Kleinigkeiten. Abgesehen von den offensichtlichen Faktoren wie dem Geruch gibt es auch noch kleinere Details, die viel über dich aussagen. Achte also bitte auch darauf, dass du beispielsweise keinen Dreck unter den Fingernägeln hast.
- Suche Möglichkeiten, um noch mehr Spaß an deiner Hygiene-Routine zu haben. Sollte es bisher eher ein notwendiges Übel gewesen sein, dann solltest du versuchen, deine Sichtweise darauf zu ändern. Du kümmerst dich schließlich um den Körper, der dich jeden Tag durchs Leben trägt und dabei viel aushalten muss. Gönne ihm das extra weiche und angewärmte Handtuch nach dem Bad, die Creme oder auch die eine oder andere professionelle Behandlung. Sieh die Körperpflege als entspannendes Ritual an und mach das Beste daraus, sodass du dich immer darauf freust. Höre beispielsweise nebenbei deine Lieblingsmusik oder such dir einen tollen Duft beim Duschbad/der Creme heraus, nach dem du besonders gern riechst.

Diese Übung lässt sich auch wunderbar in deinen Alltag einbinden. Versuche, von nun an immer achtsamer zu sein, wenn du deiner Hygiene nachgehst. Lass es nicht weiter durchgehen, dass du irgendeinen Punkt vernachlässigst.

Gewöhne dir an, positiver zu reden:

Mit dir selbst redest du wahrscheinlich größtenteils mit einem negativen Unterton, ansonsten würdest du dieses Buch wohl nicht in der Hand halten. Aber wie redest du mit anderen? Fällt es dir leicht, freundlich zu sein und dich aufrichtig für ihre Erfolge zu freuen? Oder bist du eher neidisch und gönnst es ihnen nicht? Denkst oder sprichst du negativ über andere, um sie abzuwerten, damit du dich ein wenig besser fühlst?

Sollte das der Fall sein, dann musst du dies unbedingt ändern. Um mehr Positivität in dein Leben zu lassen, musst du sie selbst ausstrahlen. Und wenn das dir selbst gegenüber noch nicht gelingen will, dann fängst du halt mit anderen Menschen an.

Hier kommt die Übung: Ich möchte, dass du jeden Tag mindestens ein aufrichtiges Kompliment verteilst. Such dir aus, ob du es an einen Fremden oder an eine Person aus deinem näheren Umfeld richtest. Erlaube dir, damit kreativ zu sein. Gehe über die üblichen Komplimente, die das Aussehen betreffen, hinaus. Zeige, dass du aufmerksam bist. Anstelle von *„Schön sehen Sie heute aus."* könntest du beispielsweise *„Die neue Haarfarbe steht Ihnen so gut, sie bringt Ihre Augen* *richtig zum Strahlen."* sagen. Vermeide, dass deine Komplimente wie billige Anmachsprüche klingen, die die Person so wahrscheinlich schon unzählige Male gehört hat. Achte auf kleine Details, die den meisten anderen gar nicht auffallen würden. Gehe auch ruhig auf Charaktereigenschaften ein: *„Sie sind immer so mutig, das schätze ich sehr an Ihnen."*, *„Sie haben immer so eine wunderbare Ausstrahlung, dass meine Laune gleich besser wird, wenn Sie den Raum betreten."* oder auch *„Ich bewundere Ihren Ehrgeiz."*.

Gerade bei Fremden wird so etwas eher schwierig sein, aber liebe Worte fallen einem immer ein. Verteile also ruhig ein wenig Freude und versüße jemand anderem den Tag. Man weiß gar nicht, was in seinem Leben gerade so Schlimmes passiert – vielleicht spendest du mit deinem Kompliment ja sogar Trost und einen Lichtblick in einer düsteren Zeit. Wichtig ist nur, dass du ohne Erwartungen an die Sache herangehst. Erwarte nicht, dass die Leute auf eine bestimmte Art und Weise reagieren, dir auch ein Kompliment zurückgeben oder ein Gespräch mit dir beginnen. Es kann auch vorkommen, dass dir mit einem dummen Spruch oder einem abwertenden Blick entgegnet wird. Lass dich davon nicht herunterziehen, du hast trotzdem alles richtig gemacht. Das Problem liegt dann in diesem Fall bei der anderen Person.

Rede aber nicht nur nett *mit* anderen, sondern bitte auch *über* andere. Lästereien in der Kaffeeküche mögen zwar unterhaltsam sein, aber einen Vorteil hat niemand davon. Oder würdest du wollen, dass andere in deiner Abwesenheit so über dich sprechen?

Lästern zeugt von schlechtem Charakter, also lass dich bitte nicht dazu hinreißen. Das bedeutet nicht, dass du automatisch jeden mögen musst oder dich nie wieder über andere Personen aufregen darfst. Belasse es aber dabei und steigere dich nicht in das Thema hinein. Wenn du nichts Gutes über jemanden zu sagen hast, dann ist es am besten, einfach gar nichts zu sagen und ihn einfach in Ruhe zu lassen. Setze dich auch ruhig für andere ein, wenn du gehässige Gespräche mitbekommst. Du musst dies nicht stillschweigend hinnehmen, sag doch ruhig, welche Qualitäten du dafür an XY magst. So schauen die Plappermäuler erst mal dumm aus der Wäsche. Damit zeigst du anderen gleich, dass du dich nicht an Negativität erfreust, sondern Positivität suchst.

Je wohlwollender du also mit anderen Menschen sprichst, desto leichter wird es dir später fallen, nett zu dir selbst zu sein. Außerdem etablierst du damit gleich eine Charaktereigenschaft, die man nur lieben kann – du bist nicht gehässig wie andere, sondern baust die

Menschen um dich herum auf und machst ihr Leben angenehmer.

Arbeite mit Affirmationen:
Affirmationen sind positive Glaubenssätze, die dir dabei helfen können, dein Gehirn umzuprogrammieren. Bisher hast du dir wahrscheinlich oft gesagt, dass du nichts wert bist, nichts kannst, dich niemand liebt etc.

Was diese negativen Glaubenssätze angerichtet haben, merkst du täglich, schließlich hast du jahrelang daran geglaubt. Jetzt stell dir aber einmal vor, was passiert, wenn du sie in das Positive umkehrst. Das könnte jetzt folgendermaßen aussehen:

~~„Ich bin einfach nicht gut genug.“~~ „Mein Wert hängt nicht von meinen Erfolgen ab.“

~~„Ich bin es nicht wert, geliebt zu werden.“~~ „Ich bin genauso liebenswert wie andere Menschen auch.“

~~„Ich hasse mich selbst.“~~ „Ich akzeptiere/liebe mich genau so, wie ich bin.“

~~„Ich habe einfach nichts Besonderes an mir.“~~ „Ich bin ein ganz besonderer Mensch und habe viel zu bieten.“

~~*„Ich habe einfach nur schlechte Eigenschaften."*~~ *„Ich habe so viele gute Seiten an mir, mit denen ich viele Menschen glücklich mache."*

~~*„Mein Leben ist doof."*~~ *„Ich schätze all die Möglichkeiten, die mein Leben mir bietet und genieße es in vollen Stücken."*

Damit redest du dir dann genau das ein, was du gern erreichen möchtest. Wichtig ist hierbei, dass du es in der gegenwärtigen Form tust – genau so, als ob du schon die ganze Zeit so denkst. Du gaukelst deinem Unterbewusstsein damit einen „fremden" Zustand als neue Normalität vor und dieses erledigt dann wiederum die Arbeit für dich. Es strebt nach Einklang: Deine Gedankenwelt soll sich in deinem Alltag widerspiegeln. Bisher sah es eben so aus, dass du sehr negativ gedacht und deine Umwelt auch genau so erlebt hast. Ziehst du nun aber die Handbremse und drehst deine mentale Einstellung um 180 Grad, so wird es zunächst nicht wissen, wie es damit umgehen soll. Je öfter und regelmäßiger du nun deine Affirmationen wiederholst, desto schneller wird sich dein Unterbewusstsein daran gewöhnen und wieder alles in Bewegung setzen, um diesen Einklang wiederherzustellen. Du denkst positiver, also wirst du deinen Alltag automatisch positiver erleben.

Hinzu kommt, dass du deine bisherigen negativen Glaubenssätze mit positiven überschreibst. Das heißt im Klartext: Irgendwann spielst du dir selbst nicht länger etwas vor, sondern hast diese Aussagen so weit verinnerlicht, dass du nun felsenfest daran glaubst.

Es gibt noch drei weitere Dinge, die du dabei beachten musst: Formuliere deine Affirmationen immer so, dass ein klares Ziel daraus hervorgeht. Es reicht nicht, *„Ich möchte Sache A nicht mehr"* zu sagen. Ja, was möchtest du denn dann? Sage lieber *„Ich möchte Sache B"*. Bring es auf den Punkt, damit dein Gehirn die Informationen bestmöglich verarbeiten kann. Damit die Affirmationen auch effektiv sind, formulierst du sie außerdem nicht als Wunsch, sondern so, als ob du die Sachen schon lange erreicht hast und sie selbstverständlich für dich sind.

Zu guter Letzt musst du auch noch daran glauben können. Wenn dein Selbstbewusstsein im Keller ist, kannst du nicht sofort die große Keule (*„Ich liebe mich selbst bedingungslos."*) herausholen. Beginne kleiner und arbeite dich dann langsam hoch (*„Ich verzeihe mir für meine Fehler." -> „Ich akzeptiere mich auch mit meinen Schwächen." -> „Ich liebe mich selbst."*). Wenn du dich nämlich insgeheim fragst, was für einen Bullshit du dir gerade einredest, so wirst du dein Unterbewusstsein auch nicht davon überzeugen können. Lass dir also Zeit und passe die einzelnen Affirmationen an, wenn du große Fortschritte bemerkst.

Sie bringen übrigens noch mehr, wenn du die Aussage mit positiven Gefühlen verknüpfst. Rattere deinen Katalog also nicht nur stur herunter, sondern nimm dir ein paar Minuten Zeit und schaffe eine ruhige Umgebung. Nun sagst du deine Affirmationen auf (in Gedanken oder laut, wie es dir lieber ist) und stellst dir vor, wie wunderbar es sich denn anfühlen muss, genau das erreicht zu haben und in Harmonie mit sich selbst zu leben. Du kannst auch sehr gern lächeln, wenn du das Bedürfnis dazu hast.

Für diese Übung solltest du dir einige Affirmationen überlegen, die alle auf die Komponente der Selbstakzeptanz/-liebe abzielen. Im Grunde kannst du sie bei jedem beliebigen Problem oder Thema anwenden, aber da du dein Gehirn nicht überlasten willst und das momentan die größte Baustelle ist, solltest du dich darauf beschränken. Wähle nicht zu viele – 10 bis 20 reichen völlig aus. Wiederhole sie regelmäßig, aber mindestens einmal am Tag. Mache ruhig ein kleines Ritual daraus, beispielsweise direkt vor dem Schlafengehen, damit du es nicht vergisst. Du kannst auch gern abends ein paar Zettel vorbereiten, die du dann am

Spiegel, in deinem Kalender oder an ähnlichen Orten platzierst, die du morgens aufsuchst. Wer steht denn nicht gern auf und liest ein paar liebe Worte, die Mut spenden? Probiere es also ruhig einmal aus und lass dich davon überraschen, wie dein Gehirn sie umsetzt.

Bonus II: SOS-Tipps für mehr Selbstliebe in akuten Krisensituationen

Es ist bekannt, dass der Weg zur Selbstliebe nicht in einer geraden Linie verläuft, die stetig nach oben wächst. Es wird immer wieder Rückschläge geben, von denen du dich aber erholst und noch stärker zurückkehrst. Das ist völlig normal und gehört zu deinem Wachstum dazu. Dennoch existiert leider die Möglichkeit, dass es zu Krisen kommt –

erfahrungsgemäß immer dann, wenn es dir gerade richtig gut geht und du dich über deine großen Fortschritte freust. Es gibt nichts, was du tun könntest, um sie vorherzusehen oder dich darauf vorzubereiten. Solche Situationen treffen dich hart und können dich dazu verleiten, am liebsten sofort aufhören und in deine alten Muster zurückkehren zu wollen, weil dein Selbstwert so erschüttert ist. Vielleicht erfordern sie auch so viel Aufmerksamkeit von dir, dass du schlichtweg nicht den Nerv dafür findest, dich noch um deine Selbstliebe-Übungen zu kümmern.

So oder so möchte ich an dein Durchhaltevermögen appellieren. Ich habe vollstes Verständnis dafür, dass dich Krisen nicht kaltlassen werden. Und es kann auch niemand verlangen, dass du deine volle Routine so weiterführst. Ein Beispiel: Deine beste Freundin und engste Bezugsperson stirbt bei einem schweren Autounfall, weil ihr Auto von einem betrunkenen Geisterfahrer gerammt wurde. Du bist am Boden zerstört, traurig, wütend, kannst es gar nicht begreifen. Wie soll man unter diesen Umständen von dir verlangen, dass du auch an diesem Tag 50 Seiten aus deinem Lieblingsbuch liest oder die aufwühlende Arbeit mit deinem inneren Kind durchführst? Du wärst schlichtweg zu aufgewühlt. Allerdings ist es gefährlich, sich selbst komplett zu vernachlässigen – bist du für einige Zeit aus deiner Routine raus, so wird es umso schwerer, wieder hineinzufinden. Das wirft dich meist um einige Schritte zurück, was dich dann im Nachhinein noch mehr ärgert. Für solche Krisensituationen gibt es andere, sanftere Formen der Selbstliebe, denen du nachgehen kannst (und unbedingt sollst). Wie diese aussehen, ist unterschiedlich, deswegen möchte ich dir hier ein paar Beispiele und Lösungsansätze näherbringen.

• **Mach dir bewusst, dass du keine Kontrolle über das Ereignis hast. Ein Stück Kontrolle kannst du**

dir allerdings zurückholen. Nehmen wir hier folgendes Beispiel: *Dein langjähriger Partner hat sich überraschend von dir getrennt, weil er zu der Einsicht gekommen ist, dass er dich nicht mehr liebt.* Verständlicherweise bricht für dich die Welt zusammen und dir fällt es schwer, das Ganze zu verstehen. Versuche aber bitte gar nicht erst, die Schuld bei dir zu suchen. Auch wenn es für dich vielleicht den Anschein erwecken mag, so heißt ein solcher Umstand nicht, dass du ein schlechter Partner warst oder irgendetwas falsch gemacht hast. Es passiert leider, dass manche Menschen sich auseinanderleben. Das kannst du nicht ändern, so sehnlichst du es dir auch wünschen magst. Um bestmöglich mit diesem Schock umgehen zu können, solltest du verstehen, dass Krisen immer in bestimmten Phasen ablaufen (Schock, Verneinung, Einsicht, Akzeptanz, Ausprobieren, Erkenntnis, Integration). Während du diese Phasen durchläufst, wirst du mit den unterschiedlichsten Emotionen konfrontiert (Felber, 2022). Du willst es nicht wahrhaben, dann kommt die Trauer, Wut, wieder Trauer, dann scheint es bergauf zu gehen, bis alles erneut hochkommt.

Das Spiel geht noch eine Weile so weiter, bis du irgendwann erkennst, dass du diese Krise überwunden hast und nach vorn blicken kannst. Und so schlimm das auch sein mag – du musst da durch. Es gibt keinen

Weg, diesen Prozess zu beschleunigen oder die Emotionen angenehmer zu machen. Das Einzige, was du tun kannst, ist, dir selbst erlauben, sie in ihrem vollen Umfang zu fühlen. So ziehen sie schneller vorüber, als wenn du alles in dich reinfrisst und die Negativität dann Stück für Stück wieder hochkommt. Was hier hilft, ist, dich an die Phasen zu erinnern. So fühlst du dich deinen Gefühlen nicht hilflos ausgeliefert und lässt dich von ihnen überrumpeln, sondern siehst die Fortschritte und kannst leichter damit umgehen.

- **Erlaube dir einen positiven Blick auf die Dinge.** Greifen wir hier erneut das vorherige Beispiel auf. Wahrscheinlich wäre dein erster Reflex, deinen Partner anzubetteln, bei dir zu bleiben. Du würdest dich vielleicht sogar verbiegen und alles Menschenmögliche tun, damit er dich wieder lieben kann. Ich möchte aber, dass du dich in solchen Situationen Folgendes fragst: Willst du das wirklich? Willst du tagtäglich vorgeben müssen, jemand anderes zu sein, um diese Person weiterhin an dich zu binden? Willst du immer in der Angst leben, dass sie sich doch trennt, weil du es einfach nicht schaffst? Ich glaube nicht. Ihr beide habt es verdient, mit jemandem zusammen zu sein, den ihr von ganzem Herzen liebt und der richtig zu euch passt.

Du möchtest immerhin genau so geliebt werden, wie du selbst liebst. Und wenn dein Ex-Partner dir das nicht geben kann, dann solltest du ihn gehen lassen – es wird jemand kommen, der dir genau das geben kann, was du brauchst. Versuche also nicht, die falschen Personen krampfhaft davon zu überzeugen. Nimm die Erkenntnisse aus dieser Beziehung mit in die Zukunft und freue dich auf neue, noch schönere Erfahrungen. Du wirst merken, dass sich hinter vielen Krisen auch immer eine große Chance verbirgt (Todesfälle und Ähnliches natürlich ausgenommen).

- **Kümmere dich um deinen Körper.** Nichts ist schlimmer, als sich in Krisensituationen auf der Couch einzuigeln und die eigenen vier Wände tagelang nicht zu verlassen. Mitunter wirst du keine Lust haben, dich zu bewegen oder etwas zu essen. Mach dir aber bitte bewusst, dass das keine Lösung ist und du dich in der Folge sogar noch schlechter fühlen wirst. Beweise Selbstliebe, indem du dir etwas Schönes kochst. Du brauchst hier kein aufwändiges Rezept, für das du stundenlang in der Küche stehst – auch gesunde und ausgewogene Mahlzeiten lassen sich schnell zubereiten. Sie schmecken nicht nur gut, sondern liefern deinem Körper auch die notwendige Energie, die er benötigt, um diese Krise zu verarbeiten.

Trinke außerdem genug Wasser. Auch regelmäßige Bewegung ist nicht zu unterschätzen. Sie hält dich nicht nur fit, sondern eignet sich auch super dafür, um mal den Kopf freizubekommen und wieder Freude zu erleben. Hier gibt es kein Anforderungslevel: Ein entspannter Spaziergang an der frischen Luft ist genauso schön wie ein spannendes Badminton-Spiel mit einem lieben Freund.

- **Ändere deine Blickweise.** Krisensituationen werden dir alles abverlangen, daher kann es sein, dass du zunächst denkst, du würdest das unmöglich durchstehen können. Wenn du dir das nun auch noch ständig einredest, dann wird es auch umso schwieriger, sie zu überwinden. Anstatt dir also Sorgen um die Zukunft zu machen, solltest du Kraft aus der Vergangenheit schöpfen. Du stehst nicht zum ersten Mal an diesem Punkt – du hast schon viele Krisen überwunden und wirst das auch in Zukunft noch tun müssen. Du hast es bisher immer geschafft, also was sollte diesmal anders sein?

Der Gedanke allein sollte dich schon ein Stück weit beruhigen. Natürlich ist es in neuartigen Situationen (z. B. plötzliche Kündigung der Arbeitsstelle und die Angst vor dem finanziellen Ruin) immer schwierig, zuversichtlich in die Zukunft zu blicken. Hab aber bitte ein bisschen Selbstvertrauen, auch das wirst du schaffen – immerhin war jede Krisenart irgendwann mal die erste und du hast sie trotzdem gemeistert. Verfalle nicht in Panik und setze einen Fuß vor den anderen. Solltest du mit anderen Krisen bereits vertraut sein, so besitzt du nun einen Vorteil. Erinnere dich zurück: Was hast du damals gemacht, was hat besonders gut oder gar nicht geholfen? Nimm dies als Anreiz dafür, wie du nun weiter vorgehen kannst (Lebenshilfen, 2022).

- **Mach dir die Medien zunutze.** Ein schönes Buch oder ein guter Film sind ohnehin bestens geeignet, um dich ein wenig abzulenken und dir eine Beschäftigung zu geben. Aber warum nutzt du nicht gleich den Anlass und wählst einen Titel aus, der sich mit der Thematik beschäftigt, die dir gerade Kopfzerbrechen bereitet? Zu jedem Problem gibt es unzählige Werke, die von Menschen berichten, die genau das Gleiche durchmachen. Schau dir also ruhig etwas Derartiges an, denn hier gibt es zwei entscheidende Vorteile: Einerseits fühlst du dich verstanden und merkst, dass du mit deinem Leid nicht allein bist, und andererseits bist du hautnah dabei, wie dieser Charakter seine Krise erfolgreich überwindet. Das spendet nicht nur Kraft, sondern gibt dir vielleicht auch wichtige Anreize.

• **Gönne dir kleine Freuden.** *Besonders dann, wenn ein geliebter Mensch von dir gegangen ist, wirst du es dir zuerst nicht erlauben wollen, Freude zu empfinden.* Deine Trauer ist so groß, da fühlt es sich erst mal falsch an, zu lachen oder den Alltag zu genießen. Wenn diese Angst vor der Freude wenige Tage anhält, ist das noch zu vertreten. Sie sollte aber unter keinen Umständen zu einem Dauerzustand werden! So doof es auch klingt: Du lebst weiter, also hast du es dementsprechend auch verdient, das Beste daraus zu machen.

Eine angemessene Trauerphase schließt es nicht aus, dass die Freude langsam in dein Leben zurückkehrt. Sollte es dir dennoch schwerfallen, so stelle dir folgende Frage: Würde die Person, die du verloren hast, wollen, dass du auch Monate nach ihrem Tod nicht nach vorn blicken und dein Leben wieder genießen kannst? Sie würde wollen, dass du glücklich bist.

Erlaube dir also, wieder regelmäßig zu lachen. Gönne dir Freuden, um dich aufzumuntern.

Es ist auch immer eine schöne Idee, den Verstorbenen gleichzeitig zu ehren beziehungsweise an ihn zu denken, wenn du Spaß hast. Kaufe zwei Sträuße seiner Lieblingsblumen – einen platzierst du auf seinem Grab und einer begleitet dich nach Hause, wo er dein Wohnzimmer verschönert. Besuche das Café, in dem ihr euch immer zum entspannten Quatschen getroffen habt, und genieß den Kuchen, den er sich am liebsten bestellt hat. Zu Beginn wird es für dich genauso schön wie traurig, aber damit zeigst du dir selbst, dass du ins Leben zurückkehren kannst und ihn trotzdem niemals vergisst.

- **Sprich mit jemandem darüber.** Wenn du an deiner Selbstliebe arbeitest, dann kann es sein, dass du den Drang verspürst, diesen Weg allein aus deiner Kraft zu bestreiten. Vielleicht möchtest du dich komplett von der Bestätigung anderer abkapseln, um im Endeffekt sagen zu können: *„Seht her, was ich ganz allein geschafft habe. Jetzt hab ich es euch gezeigt.“* Eine solche Haltung sollte es aber nicht verhindern, dass du nicht die Hilfe oder den Rat anderer Menschen suchst, wenn du sie brauchst. Gerade in Krisensituationen ist es wichtig, sich anderen anzuvertrauen. Dein Kopf wird sich vor lauter Sorgen so anfühlen, als würde er gleich platzen und es ist äußerst schwer, Ordnung in deine Gedanken zu bringen.

Um dies zu erreichen, solltest du mit einer vertrauenswürdigen Person darüber sprechen. Erkläre ihr, was vorgefallen ist und was dir gerade durch den Kopf geht. Wenn du diese Gedanken nun klar formulierst, entknotest du Stück für Stück das Wirrwarr in deinem Kopf. Du wirst merken, dass du dich gleich befreiter fühlst, wenn deine Sorgen (im wahrsten Sinne des Wortes) das Innere deines Kopfes durch deinen Mund verlassen. Darüber hinaus gibt es noch weitere Vorteile: Auch hier verfälscht dein Gehirn manche Dinge. Einige Details werden vernachlässigt, während andere bis ins Unendliche dramatisiert werden.

Während eines solchen Gespräches könntest du also erkennen, dass manches doch nicht so schlimm ist. Vielleicht fällt dir (oder euch gemeinsam) auch ein entscheidender Hinweis ein, der zur Lösung dieser Krise beiträgt. Außerdem kann dir dein Gegenüber von seinen Erfahrungen berichten, dir einen Rat geben oder dich auch einfach nur mit lieben Worten trösten. Das hilft unheimlich viel und ist tausend Mal besser, als alles mit dir selbst auszumachen. Und lass dich bitte nicht entmutigen, falls du keine Person hast, der du dies anvertrauen könntest. Hierfür gibt es die Option der Selbsthilfegruppen oder einschlägigen Foren, bei denen du auf Gleichgesinnte stößt. Und sollte auch das nichts für dich sein, so hilft es auch schon, deine Gedanken niederzuschreiben.

Schlusswort: Nur Mut!

Damit bist du nun am Ende dieses Buches angelangt und hoffentlich um einige Erkenntnisse reicher. Du hast gelernt, warum die Selbstliebe so unfassbar wichtig ist und warum es sich lohnt, dafür zu kämpfen. Du besitzt sowohl alle notwendigen Hintergrundinformationen als auch die Werkzeuge, die du benötigst, um einen Nutzen daraus zu ziehen. Bevor du dich nun mit voller Kraft in deine Übungen stürzt, möchte ich dich bitten, besonders auf deine Denkweise zu achten. Es steht außer Frage, dass die nächste Zeit nicht leicht werden wird, schließlich legst du nun endlich den Grundstein für ein glückliches und erfülltes Leben, was du ganz nach deinen Vorstellungen gestalten wirst. Hab aber bitte keine Angst vor dieser Arbeit oder sehe sie als notwendiges Übel an, was es irgendwie zu überstehen gilt. Du begibst dich auf eine Entdeckungsreise durch deine gesamte Persönlichkeit und wirst viele neue Seiten an dir kennenlernen, darunter auch manche Aspekte, die dich vollkommen begeistern werden. Erlaube dir also, eine gewisse Aufregung zu verspüren, wenn du zum ersten Mal erforschen willst, was dich alles ausmacht.

Sei neugierig und offen und erlaube es dir, auch mal Rückschläge zu erfahren. Schließlich werden dir deine Schwächen noch die eine oder andere Erkenntnis erschaffen, für die du später dankbar sein wirst. Freue dich auf all die schönen Erlebnisse, die noch vor dir liegen, und verfolge mit, wie du Stück für Stück näher an dein wahres Ich kommst. Genieße die Erleichterung, dass du endlich nicht mehr gegen dich selbst kämpfen musst. Du wirst dich fühlen, als wärst du in einem Klischee aus einer Romanze: Aus Feinden werden langsam Freunde und aus Freunden wird letztendlich mehr. Aus Selbsthass folgt die Akzeptanz, woraus dann letzten Endes Liebe wird.

Sei gütig zu dir selbst und du wirst lernen, nicht nur all deine Macken und Eigenarten zu lieben, sondern auch den Akt, dir selbst immer wieder etwas Gutes zu tun. Du musst regelmäßig am Ball bleiben, aber wenn du diese Routine einmal verinnerlicht hast, willst du sie nie wieder missen. Und falls du bis dahin ein wenig Motivation brauchst, dann lies dir immer wieder einzelne Inhalte dieses Buches durch und halte dir vor Augen, was am Ende auf dich wartet. Also halte durch, denn du tust es für dich. Ich drücke dir ganz fest die Daumen.

Quellenverzeichnis

• Anleitung zu mehr Selbstliebe: wie man lernt, sich selbst zu lieben. (n. d.). https://diepsyche.de/selbstliebe-lernen/

• Felber, A. (2022, December 16). Krisen verstehen und überwinden – Die 7 Phasen der Veränderung. Annika Felber. https://annika-felber.de/krisen-verstehen-und-ueberwinden-die-7-phasen-der-veraenderung/

• Fischer, E. (2019, May 5). Die Vergangenheit abschließen: 5 Wege zur Selbstheilung. LebeBlog. https://www.lebeblog.de/vergangenheit-abschliessen/

• Hönig, C. (2017, October 25). Traumatisierung in der Kindheit und ihre Folgen. Dipl. Psychologin Christini Hönig. https://praxis-hoenig.de/2017/11/03/traumatisierung-in-der-kindheit-und-ihre-folgen/

- Lebenshilfen, A. P. V. P.-. (2022, October 28). Lebenskrisen: 8 Tipps, die dir bei der Bewältigung von Krisen helfen | PAL Verlag. https://www.palverlag.de/lebenskrisen.html
- Mai, J. (2022a, May 6). Selbstliebe lernen: Bedeutung, Übungen, Tipps. karrierebibel.de. https://karrierebibel.de/selbstliebe-lernen/
- Mai, J. (2022b, December 6). Ziele setzen: 7 einfache Tipps + 4 Methoden und Beispiele. karrierebibel.de. https://karrierebibel.de/ziele-setzen/
- Schultheiß, H. (2022, July 4). Auf der Suche nach dem inneren Kind. https://www.spektrum.de/news/das-innere-kind-was-ist-das-eigentlich/2035693
- Selbstliebe lernen – warum es so schwerfällt, sich selbst zu lieben Webseite·2021·M.Irfan. (n. d.). Affektblog.de. Retrieved January 14, 2023, from https://www.affektblog.de/selbstliebe-lernen/
- Stöckel, M. (2019, May 5). Burnout: Energieräuber – Energiespender. experto.de. https://www.experto.de/praxistipps/burnout-energieraeuber-energiespender.html
- Warkentin, N. (2022, February 2). Terry-Borton-Modell: 3 Schritte zur Selbstreflexion. karrierebibel.de. https://karrierebibel.de/terry-borton-modell/

Impressum

1. Auflage

Kontakt:

Marvin Janzen

Müritzstraße 56

51371 Leverkusen

Printed in Poland
by Amazon Fulfillment
Poland Sp. z o.o., Wrocław

21300188R00068